ANTIPASTI

SETTORE VARIA E ILLUSTRATI

Questo volume è derivato dall'opera *L'Enciclopedia della Cucina italiana*

Redazione: Corso della Vittoria 91, 28100 Novara
www.deagostini.it

Terza edizione, novembre 2014

Fotografie: DeA Picture Library (N. Banas, M. Bicciato/Mozart, S. Fedrizzi, I. Feroldi, P. Ingaldi, K. Kissov, G. Losito, R. Marcialis, P. Martini, G. Pisacane, C. Rezzonico, M. Sarcina, G. Ummarino, M. Viganò, Visual Food)

Copertina: Marco Santini

Stampa: DEAPRINTING - Novara, 2014

ANTIPASTI

DeAGOSTINI

Avvertenze

✔ Le ricette riportate nel volume sono normalmente per 4 persone, salvo alcune eccezioni dovute alle caratteristiche degli ingredienti o alla complessità della preparazione.

✔ Per ogni ricetta sono riportati sia il tempo di preparazione sia il tempo di cottura. In alcuni casi, oltre ai tempi di preparazione effettivi (pulizia, lavaggio, taglio ecc. dei diversi ingredienti), viene fornito anche il tempo di alcune operazioni complementari, quali il raffreddamento, la marinatura o il riposo.

✔ Il grado di difficoltà di esecuzione delle ricette è indicato con una scala che prevede quattro livelli: bassissima, bassa, media ed elevata.

✔ Le preparazioni di base, come pasta frolla, sfoglia ecc., vengono trattate in modo dettagliato nelle scuole delle diverse sezioni per evitare inutili ripetizioni nelle ricette.

✔ Nel caso di ricette tradizionali di cui è possibile localizzare l'origine viene data l'indicazione della regione di appartenenza.

✔ Per quanto riguarda l'abbinamento enologico che accompagna ogni ricetta si è cercato di indicare un vino del Centro-Nord e uno del Centro-Sud. Nel caso, inoltre, di una ricetta tipica o regionale, il primo vino appartiene, quando è possibile, al territorio in oggetto.

SOMMARIO

Gli antipasti nella cucina italiana

Gli antipasti hanno una storia millenaria, che risale al tempo della Roma imperiale, quando una lunga serie di preparazioni leggere ma particolarmente invitanti, chiamate *gustio* o *gustatio*, venivano servite – con tale opulenza e creatività da essere accolte dagli applausi dei convitati – all'apertura dei banchetti, prima delle innumerevoli portate che componevano il pasto. Sebbene ridimensionato rispetto a quei tempi e ridotto in genere a non più di 3-4 preparazioni per pasto, ancora oggi l'antipasto è un'usanza diffusa in tutto il paese, sia nella grande cucina sia in quella rustica. In linea generale, si può dire che si tratta di un momento importante del pasto, che rappresenta una sorta di biglietto da visita delle pietanze che seguiranno, poiché da una parte le anticipa e dall'altra rivela in qualche modo lo stile stesso del pranzo.

Nell'ambito della ricchissima tradizione gastronomica nazionale, definire cosa possa essere servito come antipasto è un'impresa piuttosto ardua. Che siano preparati con verdure o con pesce, con formaggio o con carne o con salumi, gli antipasti possono essere caldi o freddi, cotti o crudi, a base di ingredienti ricercati e raffinati o invece puntare su sapori più rustici e intensi.

La scelta è vastissima. Per questo si è deciso di organizzare il volume in sette sezioni, ciascuna delle quali comprende ricette dalle caratteristiche simili: dalle irrinunciabili pizzette e tartellette (accomunate dal fatto di prevedere una base di pasta e una farcia), agli irresistibili antipasti fritti (frittelle e crocchette); dalle stuzzicanti e fresche insalate e marinate, agli scenografici antipasti in forma (pâté, mousse, terrine e aspic); dai colorati crostini, bruschette e tartine (ovvero tutto ciò che ha come comun denominatore il pane), agli sfiziosi stuzzichini (accomunati dal fatto che si tratta di preparazioni di piccole dimensioni, che si possono gustare senza bisogno di posate), fino alle salse e ai principali condimenti con cui è possibile accompagnare e arricchire gli antipasti.

Di fronte a una tale varietà di preparazioni, è utile fornire alcune indicazioni di base su cosa sia più opportuno servire a seconda dell'occasione. Prima di tutto occorre decidere se si vuole offrire un ricco antipasto misto, composto da una se-

rie di preparazioni varie, o invece preferire una proposta più sobria e incisiva, consistente, per esempio, in due sole preparazioni, una calda e una fredda.
Se l'antipasto è misto, è bene che comprenda una o più insalate miste, siano esse di verdura oppure di pesce, di prosciutto o di pollo, generalmente condite con una maionese leggera. Bisogna fare attenzione a non proporre antipasti che siano simili alle portate successive evitando, per esempio, che un piatto di spaghetti con le cozze sia preceduto da tartellette con le cozze o da un vassoio di cozze ripiene. Allo stesso modo, è bene puntare ad armonizzare la successione dei piatti, scegliendo antipasti che anticipino le portate successive in un crescendo di intensità di gusto e sapore, partendo da preparazioni leggere e delicate per arrivare a quelle più marcate dei primi e dei secondi piatti, oppure scegliendo di servire antipasti dal sapore deciso solo in apertura di un pasto altrettanto saporito.
Per quanto riguarda la scelta tra antipasti freddi e caldi, un primo criterio, anche se ovvio, dipende sostanzialmente dalla stagione in cui ci si trova, con il consiglio di privilegiare gli antipasti freddi in estate. Un'altra buona regola è quella di far precedere una zuppa calda da un antipasto caldo e nel riservare gli antipasti freddi ai buffet, o comunque a pasti in cui non si preveda di servire primi piatti. Se si decide, infine, di proporre antipasti sia freddi sia caldi, è bene proporre sempre prima quelli freddi.
Oltre a tener conto del contrasto tra caldo e freddo, è consigliabile cercare di creare un giusto equilibrio tra sapori complementari: piccante e delicato, saporito e dolce, aspro e salato.
Molto importante, infine, nella scelta del menu è anche l'aspetto decorativo e l'abbinamento dei colori. Una caratteristica di tutti gli antipasti è quella di essere prima di tutto invitanti e appagare la vista oltre che il palato. Per cui è importante dedicare un po' di tempo anche a questo aspetto, giocando con ciuffetti di erbe aromatiche, guarnizioni preparate con frutta e verdura, fette di limone o rondelle di carote ritagliate ad arte: piccoli accorgimenti, di facile esecuzione, ma di grande e sicuro effetto.
Il tempo che si può impiegare per la

decorazione delle preparazioni, del resto, può essere in molti casi compensato dall'opportunità di poter preparare in anticipo diversi antipasti, come nel caso, per fare qualche esempio, delle terrine e dei pâté (che risultano essere addirittura ancora più buoni se preparati il giorno prima), delle salse e delle mousse (avendo l'accortezza di toglierle dal frigorifero almeno mezz'ora prima di servirle), delle focaccine, dei tortini, delle crocchette e delle pizzette (riscaldandole qualche minuto prima di portarle in tavola). Fino a qualche tempo fa gli antipasti hanno svolto semplicemente la funzione di anticipare il pasto, con un ruolo subalterno rispetto alle altre portate, ma con il passare del tempo e con il mutare dei costumi e delle abitudini alimentari, essi hanno conquistato un posto più importante sulla nostra tavola, diventando protagonisti di cocktail, buffet, party e happy hour, oppure sostituendosi molto spesso ai primi o ai secondi piatti, per diventare talvolta – aumentando le dosi – degli appetitosi piatti unici. Detto questo, non bisogna però dimenticare che la collocazione dell'antipasto, nella sua accezione classica, è appunto in apertura di un pranzo o di una cena e che in questo caso è bene non esagerare, sia nell'offrirlo sia nel consumarlo, in modo da poter gustare e far gustare al meglio tutte le portate successive.

PIZZ

PIZZETTE E TARTELLETTE

Un impasto come base

Pizzette, focaccine, tartellette, barchette, salatini, vol-au-vent e bignè sono tra i più classici antipasti della cucina italiana, la cui preparazione è sempre caratterizzata dalla presenza di un impasto salato, che fa da base o che racchiude una farcia.

IL CONSIGLIO

La durata della lievitazione di tutti gli impasti lievitati dipende da come è stato lavorato l'impasto stesso, dal tipo di farina utilizzato e dall'eventuale aggiunta di grassi. Un modo per controllare se l'operazione è giunta al termine è premere leggermente la pasta con un dito: se rimane una fossetta significa che la pasta è pronta.

PIZZETTE E FOCACCINE

Queste preparazioni altro non sono che pizze e focacce di piccola dimensione, vale a dire schiacciatine di forma piatta o leggermente rigonfia generalmente rotonda, a base di pasta da pane stesa sottile e variamente condita.

La pasta da pane

Si tratta di un impasto lievitato a base di farina, acqua e sale con il quale si confezionano pane, pizze e focacce. Per preparare circa 800 g di pasta da pane, sciogliete in 2,5 dl di acqua tiepida 15 g di sale, versate il liquido in una ciotola e stemperatevi 30 g di lievito di birra sbriciolato, continuando a mescolare.

Disponete 500 g di farina a fontana sulla spianatoia e versatevi al centro il lievito diluito nell'acqua; iniziate a mescolare con un cucchiaio, quindi proseguite impastando con le mani e amalgamando gli ingredienti fino a ottenere un composto dalla consistenza omogenea che non dovrà attaccarsi alle dita.

Ponete la pasta sulla spianatoia e continuate a lavorarla con le mani, stendendola e raccogliendola diverse volte. Infine, formate una palla, ponetela in una ciotola appena infarinata, copritela e mettetela a lievitare in un luogo tiepido per circa 1 ora. Riportate quindi la pasta sulla spianatoia infarinata, lavoratela energicamente e stendetela infine con le mani dandole la forma desiderata.

La pasta da pane si può acquistare dal fornaio. In questo caso, pur essendo già pronta per l'uso, è meglio lasciarla riposare mezz'ora. Se la si utilizza diverse ore dopo l'acquisto, è consigliabile tenerla in un luogo fresco, coperta, passandola 2 ore prima dell'uso in un luogo tiepido a riprendere la lievitazione interrotta.

BARCHETTE E TARTELLETTE

Barchette e tartellette sono costituite da una crosta di pasta brisée, riempita con farce di diversa natura. Per la loro preparazione vengono utilizzati degli stampini dal bordo liscio o ondulato, di forma di solito ovale per le barchette e rotonda per le tartellette.

Dopo averli unti, gli stampini vanno ricoperti con sottili dischi di pasta brisée modellati con le dita sul fondo e sulle pareti e poi spennellati con un poco di burro fuso. Eliminata la pasta che deborda, il fondo viene prima punzecchiato con una

PASTA DA PANE: PREPARAZIONE

1 *Fate sciogliere il lievito di birra nella ciotola d'acqua tepida con il sale.*

2 *Lavorate a lungo l'impasto con le mani.*

3 *Mettete l'impasto in una ciotola, copritelo con un telo e lasciatelo lievitare in un ambiente tiepido per 1 ora, quindi rilavoratelo energicamente.*

1 Setacciate la farina servendovi di un colino a maglie fitte sul piano di lavoro formando una forntana.

2 Ponete il burro freddo a pezzetti e un po' di sale al centro della fontana

3 Lavorate gli ingredienti con le mani fino a ottenere un impasto sodo ed elastico, formate un panetto, avvolgetelo in un foglio di pellicola trasparente e riponetelo in frigorifero per 1 ora.

forchetta, affinché durante la cottura non si alzi, e poi, sempre per lo stesso motivo, ricoperto con con un foglietto di carta oleata sul quale vanno posati dei fagioli o dei piselli secchi. Posti su una placca del forno, gli involucri vengono fatti cuocere nel forno già caldo a 190 °C per circa 10 minuti, finché la pasta avrà assunto un bel colore dorato. Dopo essere state sformate, barchette e tartellette sono, infine, pronte per essere riempite con le varie farce previste dalla ricetta e servite, a seconda del tipo di ripieno, calde oppure fredde.

La pasta brisée

La pasta brisée è una pasta friabile, leggermente sfogliata, confezionata solo con farina, burro e acqua fredda. Oltre che per tartellette e barchette la pasta brisée viene utilizzata anche per realizzare torte salate e pasticci e, naturalmente, in pasticceria.

Per la preparazione di circa 25 tartellette o 30-40 barchette, disponete a fontana 300 g di farina e mettetevi al centro un pizzico di sale e 150 g di burro freddo tagliato a pezzetti. Cominciate con l'amalgamare farina e burro, sfregandoli insieme con le mani, quindi aggiungete acqua fredda sufficiente a ottenere un impasto sodo ed elastico. Avvolgete la pasta nella pellicola trasparente e mettetela a riposare in frigorifero per 1 ora. Dopodiché con il matterello stendete la pasta sul piano di lavoro leggermente infarinato nella forma desiderata.
La pasta brisée è migliore se preparata il giorno prima del suo utilizzo e si conserva molto bene in frigorifero per 3 o 4 giorni. Si può anche congelare nel freezer per una durata di circa 2 mesi.
In questo caso, è consigliabile dividerla in panetti avvolti in pellicola trasparente del peso di circa 100-

IL CONSIGLIO

Se il tempo a disposizione ve lo permette, lasciate riposare le barchette per almeno un'ora prima di farle cuocere nel forno: in questo modo sarete sicuri che non si ritireranno durante la cottura. Se vi mancassero i legumi da mettere sul fondo delle barchette per evitare che si gonfino durante la cottura, sovrapponetevi un altro stampino della stessa dimensione.

150 g, in modo da poter scongelare il quantitativo necessario a ogni preparazione.
La pasta brisée si scongela a temperatura ambiente, oppure togliendola il giorno precedente al suo utilizzo dal congelatore e ponendola in frigorifero.

SFOGLIATINE, SALATINI E VOL-AU-VENT

A base di friabile e leggerissima pasta sfoglia, queste preparazioni possono essere semplicemente aromatizzate con semi vari (sesamo, cumino, papavero ecc) o prevedere un ripieno (acciughe, salumi, formaggio e altro).
I vol-au-vent, classici involucri di pasta sfoglia, ripieni di ragù di rigaglie o di frutti di mare, ma anche fondute, ragù di ortaggi e altre preparazioni salate, possono essere sia adatti a più porzioni (con un diametro di circa 15-20 cm), sia individuali (con un diametro di circa 10 cm).
La procedura di preparazione prevede, per la realizzazione di circa 12 vol-au-vent individuali, l'utilizzo di 500 g di pasta sfoglia, che stenderete con un matterello allo spessore di 0,5 cm. Ricavate dalla sfoglia, servendovi di uno stampino circolare di 10 cm circa di diametro, 24 dischi di pasta, quindi dalla metà dei dischi di pasta ritagliate con uno stampino di minor diametro 12 anelli. Bagnate leggermente d'acqua una placca da forno, in modo che ne rimanga un velo sul fondo.

TARTELLETTE: PREPARAZIONE

1 *Disponete i dischi di pasta brisée negli stampini precedentemente unti, premendo con le dita per farli ben aderire*

2 *Bucherellate il fondo di pasta con una forchetta per evitare che si gonfi durante la cottura.*

3 *Terminata la cottura in forno, sformate le tartellette, fatele raffreddare e poi farcitele con il ripieno desiderato.*

Mettete i dischi più grandi sulla placca, distanziandoli leggermente tra loro, inumiditene il bordo, quindi applicatevi sopra gli anelli di pasta. Spennellateli con uovo sbattuto e fate cuocere nel forno già caldo a 220 °C per circa 20 minuti, fino a quando non saranno ben gonfi e dorati. Toglieteli dal forno, rifilatene l'interno con l'aiuto di un coltellino, eliminando gli eventuali rigonfiamenti di pasta, e farciteli con la guarnizione prescelta.

La spennellatura con uovo sbattuto serve per ottenere una superficie dorata. Attenzione, però, a non far debordare l'uovo lateralmente, perché questo impedirebbe un rigonfiamento regolare della pasta.

I vol-au-vent si possono congelare: sovrapponete i vari strati di pasta senza spennellarli con l'uovo, avvolgeteli a uno a uno nella pellicola, riuniteli in un sacchetto e poneteli in freezer.

PASTA SFOGLIA: PREPARAZIONE

1 *Formate una fontana con la farina, unitevi il sale e l'acqua fredda e poi amalgamateli con le mani.*

2 *Formate con l'impasto ottenuto un panetto rotondo, incidete una croce con la punta di un coltellino sulla sua superficie, quindi lasciatelo riposare avvolto in un telo da cucina.*

3 *Stendete la pasta in un quadrato, disponetevi al centro il burro e ricopritelo con i lembi di pasta. Avvolgete la pasta nell'alluminio e fate riposare in frigo per 5 minuti.*

4 *Stendete la pasta, piegate i lati corti verso il centro e poi piegate il tutto a metà: otterrete un panetto piegato 4 volte. Quindi avvolgete la pasta nell'alluminio e mettete in frigorifero per 30 minuti. Ripetete la sequenza altre 2 volte, lasciando riposare ogni volta la pasta in frigorifero per 30 minuti.*

La pasta sfoglia

Formata da più strati sovrapposti, di spessore pressoché identico, la pasta sfoglia è una pasta leggerissima e molto friabile composta da farina, burro, acqua e sale.

Tra le paste di base è sicuramente la più lunga da preparare (perché richiede un tempo di riposo tra una manipolazione e l'altra) e la più difficile da realizzare, perché richiede mani abili e svelte e un rigoroso rispetto delle dosi. Per la preparazione di circa 500 g di pasta sfoglia, disponete a fontana 200 g di farina e mettetevi al centro un pizzico di sale e circa 1/2 bicchiere di acqua fredda, quindi impastate fino a ottenere una pasta omogenea e morbida. Segnate con una croce la superficie della pasta, avvolgetela in un telo da cucina e fatela riposare per circa 20 minuti. Dopodiché stendete la pasta con il matterello allo spessore di 5 mm, ricavando un quadrato. Mettete al centro della pasta un panetto intero di 200 g di burro e piegate i lembi scoperti della pasta sul burro, racchiudendolo completamente. Passate il matterello sopra il pacchetto di pasta e burro, avvolgete la pasta in un foglio di carta d'alluminio e tenetela in frigo per 5 minuti. Rimettete la pasta sulla spianatoia e iniziate il primo "giro": stendetela facendo scorrere il matterello solo in avanti fino ad avere un lungo rettangolo dello spessore di circa 1 cm. Ripiegate i due lati corti della sfoglia unendoli al centro, poi piegate la pasta a metà (sempre nello stesso verso) in modo che risulti piegata 4 volte. Ruotate il panetto ottenuto di 90° e iniziate il secondo "giro": stendete ancora la pasta facendo sempre scorrere il matterello solo in avanti fino ad avere un altro rettangolo spesso 1 cm, quindi ripetete le operazioni di piegatura sopra indicate. Avvolgete il panetto ottenuto nella carta d'alluminio e tenetelo in frigo per 30 minuti. Ripetete queste operazioni per altre 2 volte, per un totale quindi

IL CONSIGLIO

Nella preparazione di tutti gli impasti di base è fondamentale il rispetto delle dosi degli ingredienti, basta, infatti, un pizzico di lievito in più o 50 g di farina in meno per compromettere il risultato finale, è quindi indispensabile dotarsi di una bilancia affidabile con le misure espresse in grammi.

Vol-au-vent: preparazione

1 *Preparate un panetto di pasta sfoglia.*

2 *Stendete sulla spianatoia infarinata la pasta con il matterello in una sfoglia sottile dello spessore di 0,5 cm.*

3 *Con uno stampino ad anello ricavate dalla sfoglia tanti dischi di pasta e dalla metà di questi, con l'aiuto di uno stampino più piccolo, formate altrettanti anelli.*

IL CONSIGLIO

Regola fondamentale per la buona riuscita della pasta sfoglia è che tutti gli ingredienti siano alla stessa temperatura, in modo che possano amalgamarsi perfettamente. Per questo conviene tenere il burro in frigorifero fino a circa 10 minuti prima dell'uso, stendendolo eventualmente con il matterello su un foglio di alluminio o di carta oleata se, al momento dell'utilizzo, fosse ancora troppo duro.

di 6 "giri", mettendo la pasta in frigo per 30 minuti ogni volta.

La pasta sfoglia si conserva perfettamente in frigorifero per 3-4 giorni. Poiché in frigo assorbe un certo quantitativo di umidità, è consigliabile, prima di utilizzarla, sottoporla a un altro "giro" sulla spianatoia leggermente infarinata.

Il tempo di conservazione nel congelatore può essere anche di diverse settimane (oggi si trova comunemente già preparata e surgelata industrialmente); si scongela nel frigorifero e anche in questo caso è consigliabile effettuare un altro giro prima di utilizzarla. Per la pasta conservata nel congelatore è inoltre bene farla riposare in frigorifero almeno 24 ore prima dell'uso.

La pasta sfoglia da conservare dovrà comunque essere sempre avvolta in pellicola trasparente per alimenti. Per quanto riguarda la cottura, essa avviene esclusivamente in forno caldo a temperatura piuttosto elevata (200-220 °C) per circa 20 minuti per le piccole pezzature, un po' di più in proporzione per le altre. La pasta può essere cotta sia direttamente su una placca da forno, sia negli stampi.

A causa dell'alto contenuto di burro, non è necessario imburrare e infarinare i contenitori, il cui fondo dovrà essere leggermente spennellato con acqua.

Per le preparazioni mignon, in cui si realizzano piccoli stuzzichini di pasta sfoglia abbinati ad altri ingredienti, è indispensabile, prima di servirli, farli scaldare in forno allo scopo di sciogliere il burro rappreso che renderebbe pesanti le preparazioni.

Bignè

Queste piccole preparazioni, dalla caratteristica forma rigonfia, che possono essere variamente farcite con composti dolci o salati, utilizzano una pasta particolare, chiamata pasta choux o pasta per bignè, che non ha bisogno di stampi per cuocere.

Pasta choux

La pasta choux è una pasta delicata e leggera, ampiamente utilizzata in cucina, che tra l'altro ha un'elevata resa e non necessita di stampi per la cottura. Si tratta di una pasta lievitata e gonfia che richiede una cottura in due tempi: la prima sul fuoco, in casseruola, e la seconda in forno oppure nel grasso bollente.

Per realizzare circa 20 bignè, portate a ebollizione in una casseruola 2,5 dl di acqua, 100 g di burro e un pizzico di sale. Togliete dal fuoco, unite 150 g di farina e mescolate con energia con un cucchiaio di legno. Rimettete il tegame su fuoco moderato e mescolate finché l'impasto si staccherà dalle pareti e dal fondo del recipiente, cominciando a sfrigolare. Togliete l'impasto dal fuoco e lasciatelo intiepidire. Incorporatevi quindi 4 uova, unendole uno alla volta e solo quando il precedente è stato ben assorbito dalla pasta. Mettete l'impasto ottenuto in una tasca da pasticciere con bocchetta liscia e distribuitelo sopra una placca da forno leggermente imburrata, formando tante palline delle dimensioni di una nocciola. Fate cuocere i bignè nel forno già caldo a 180 °C per circa 25 minuti, fino a quando non saranno ben gonfiati e risulteranno dorati.

IL CONSIGLIO

è molto importante che la cottura in forno dei bignè avvenga alla giusta temperatura se si vuole che la pasta si gonfi bene, rimanendo vuota all'interno, e non si sgonfi una volta fuori dal forno.

Bignè: preparazione

1 *Portate a ebollizione in una pentola l'acqua con il burro e il sale. Togliete dal fuoco e unite la farina mescolando, rimettete sul fuoco continuando a mescolare.*

2 *Quando l'impasto si sarà staccato dalle pareti della pentola, toglietela dal fuoco e unitevi le uova.*

3 *Riempite una tasca da pasticciere con il composto ottenuto e formate tanti mucchietti, distanziandoli bene l'uno dall'altro.*

BARCHETTE AI QUATTRO FORMAGGI

INGREDIENTI PER 4 PERSONE

- ✔ 12 barchette di pasta brisée
- ✔ 50 g di groviera
- ✔ 50 g di scamorza
- ✔ 50 g di caciotta
- ✔ 50 g di mozzarella
- ✔ 80 g di burro
- ✔ 2-3 cucchiai colmi di panna
- ✔ 1 cipolla di Tropea

DIFFICOLTÀ: Media

PREPARAZIONE: 15 minuti più 1 ora e 30 minuti di preparazione delle barchette

COTTURA: 5 minuti

VINO Alto Adige Sauvignon (bianco, Trentino-Alto Adige)

Verdicchio di Matelica (bianco, Marche)

Lasciate ammorbidire il burro a temperatura ambiente, quindi tagliatelo a pezzetti in una terrina e lavoratelo con una frusta, montandolo fino a ottenere un composto spumoso.

Sbucciate la cipolla e tritatela finemente con i formaggi. Unite il tutto alla spuma di burro nella terrina, mescolate con un cucchiaio di legno e poi incorporate al composto la panna liquida, amalgamando bene.

Riempite le barchette di pasta brisé con il composto di burro e formaggi, distribuitele su una placca ricoperta con carta da forno e fate fondere i formaggi sotto al grill per circa 5 minuti.

Togliete le barchette dal forno, trasferitele su un piatto da portata e servitele calde.

Barchette al tonno

Ingredienti per 4 persone

- 8 piccole barchette di pasta sfoglia
- 150 g di tonno sott'olio
- 3 cucchiai di maionese
- 4 filetti di acciuga sotto sale

Difficoltà: Media

Preparazione: 15 minuti più 1 ora e 40 minuti di preparazione delle barchette

Cottura: Nessuna

Vino: Etna Rosato (Sicilia)

Bolgheri Rosato (Toscana)

Tritate finemente il tonno, quindi passatelo al setaccio due volte, raccogliendolo in una terrina. Unitevi la maionese e mescolate con cura gli ingredienti, fino a ottenere un composto morbido e omogeneo.

Mettete il composto in una tasca da pasticciere munita di bocchetta a stella e, premendo con le mani, fate uscire una quantità di crema sufficiente a farcire ciascuna barchetta di pasta sfoglia.

Guarnite il centro di ogni barchetta con 1/2 filetto di acciuga, dissalato e arrotolato su se stesso, trasferite le barchette su un piatto da portata e servite.

Il consiglio

Poiché il sale delle acciughe così conservate è parte integrante del loro aroma, è preferibile dissalarle non direttamente sotto il getto dell'acqua corrente, ma asportando il sale con una pezzuola leggermente inumidita, anche con aceto, se desiderate intensificarne l'aroma.

Barchette all'acciuga

Ingredienti per 4 persone

- 12 barchette di pasta brisée
- 20 g di farina 00
- 25 g di burro
- 6 filetti di acciughe sotto sale
- 150 g di funghi coltivati
- 2 foglie di alloro
- 1 dl di latte
- 2 cucchiai di pangrattato
- un ciuffo di prezzemolo
- pepe

Difficoltà: Media

Preparazione: 20 minuti più 1 ora e 30 minuti di preparazione delle barchette

Cottura: 30 minuti

Vino: Vermentino di Sardegna (bianco, Sardegna)

Sannio Falanghina (bianco, Campania)

Lavate i funghi e cuoceteli interi per qualche minuto in abbondante acqua bollente salata e aromatizzata con l'alloro, sgocciolateli e tagliateli a dadini. Dissalate i filetti di acciuga e tagliateli a pezzetti.

Sciogliete il burro in un pentolino e unitevi la farina. Fatela rosolare, mescolando, quindi unite il latte bollente e mescolate energicamente fino a ottenere una salsa omogenea.

Fate cuocere la salsa a fuoco dolce per 10 minuti, unite i funghi, mescolate e lasciate sobbollire per 5 minuti. Aggiungetevi le acciughe, una macinata di pepe e il pangrattato e proseguite la cottura per altri 2 minuti.

Versate la salsa in una terrina, lasciatela intiepidire e poi farcite con essa le barchette.

Prima di servire, scaldate le barchette nel forno per qualche minuto, trasferitele su un piatto da portata, spolverizzate con il prezzemolo tritato e portate in tavola.

BIGNÈ CON GAMBERETTI

INGREDIENTI PER 4 PERSONE

- ✔ 12 bignè
- ✔ 200 g di code di gamberetti sgusciati
- ✔ 1 peperone
- ✔ 200 g di zucchine
- ✔ 1 mazzetto di prezzemolo tritato
- ✔ 20 g di pistacchi
- ✔ 3 cucchiai di olio d'oliva extravergine
- ✔ sale e pepe

DIFFICOLTÀ: Media

PREPARAZIONE: 20 minuti più 50 minuti di preparazione dei bignè

COTTURA: 35 minuti

VINO: Oltrepò Pavese Pinot Bianco (Lombardia)

Cirò Bianco (Calabria)

Tagliate a pezzetti i gamberetti. Private il peperone dei semi e dei filamenti bianchi interni, spuntate le zucchine, quindi riducete entrambi a dadini.

Scottate i pistacchi in acqua bollente, scolateli, privateli della pellicina e poi tritateli grossolanamente.

Rosolate in una padella con 2 cucchiai d'olio i dadini di peperone. Unite le zucchine, insaporite con un pizzico di sale e una macinata di pepe e continuate la cottura per 5-6 minuti, a fuoco moderato, mescolando di tanto in tanto.

Scaldate in un'altra padella l'olio rimasto e rosolatevi i gamberetti per 2-3 minuti. Regolate di sale e pepe, toglieteli dal fuoco e frullatene la metà.

Mescolate ai peperoni e alle zucchine i gamberetti frullati e quelli a pezzetti, il prezzemolo e i pistacchi. Farcite i bignè con il composto e lasciateli intiepidire nel forno prima di servirli.

BIGNÈ FARCITI AL TONNO

INGREDIENTI PER 4 PERSONE

- ✔ 12 bignè
- ✔ 100 g di tonno sott'olio
- ✔ 6 olive farcite
- ✔ 1 cipolla ✔ 1 tuorlo
- ✔ 1 ciuffo di prezzemolo
- ✔ 1 cucchiaio di latte
- ✔ 100 g di ricotta
- ✔ aceto di vino bianco
- ✔ 1 dl di olio d'oliva extravergine
- ✔ sale e pepe

DIFFICOLTÀ: Media

PREPARAZIONE: 30 minuti più 50 minuti di preparazione dei bignè

COTTURA: Nessuna

VINO: Etna Rosato (Sicilia)

Bardolino Chiaretto (rosato, Veneto)

Con il tuorlo e l'olio preparate una maionese, che alla fine insaporirete con 1 cucchiaio d'aceto e un pizzico di sale.

Mettete in una terrina la ricotta e ammorbiditela con il latte, mescolando con cura. Incorporatevi un trito di tonno, prezzemolo e cipolla e aggiungete, poco alla volta, 2/3 della maionese.

Tagliate i bignè in senso orizzontale, servendovi di un coltello affilato, e poi appoggiateli sul piano di lavoro. Distribuite nelle 12 metà inferiori 1 cucchiaino di ripieno e copritele con la calotta superiore.

Sistemate i bignè farciti su un piatto da portata; mettete il resto della maionese in una tasca da pasticciere e con essa fate su ciascun bignè un ricciolo di maionese.

Decorate infine ciascun bignè con 1/2 oliva farcita e trasferite il tutto in frigorifero fino al momento di portare in tavola.

Cocktail di gamberi

Ingredienti per 4 persone

- 250 g di pasta sfoglia
- 400 g di code di gamberi
- 1 tazza di maionese
- 1 cucchiaio di ketchup
- 1 ciuffo di prezzemolo tritato
- Tabasco
- 12 gusci di capesante
- 20 g di burro
- sale e pepe

Difficoltà: Media

Preparazione: 30 minuti più 1 ora e 40 minuti di preparazione della pasta

Cottura: 15 minuti

Vino: Alto Adige Chardonnay (bianco, Trentino-Alto Adige)

Molise Falanghina (bianco, Molise)

Stendete la pasta in una sfoglia dello spessore di 3 mm e foderatevi 6 gusci di capesante spennellati con il burro fuso. Bucherellate la pasta con una forchetta e ponetevi sopra gli altri gusci per tenerla in forma.

Ponete le conchiglie in una teglia, passatele nel forno già caldo a 180 °C per 10 minuti quindi toglietele dal forno e staccate le forme di pasta.

Sgusciate le code di gamberi, privatele del filo nero intestinale, e lavatele; fatele quindi cuocere al vapore per 2-3 minuti, sgocciolatele, lasciatele raffreddare, salatele e pepatele.

Mescolate in una ciotolina la maionese con il ketchup e qualche goccia di Tabasco. Unite ai gamberi in una ciotola 1 cucchiaio di salsa e mescolate.

Distribuite sul fondo delle conchiglie di pasta un poco di salsa rosa, disponetevi sopra le code di gamberi, cospargete con il prezzemolo e servite con la salsa rimasta a parte.

Cornetti all'acciuga

Ingredienti per 4 persone

- 250 g di pasta sfoglia
- 1 cucchiaio di latte
- 1 tuorlo
- 200 g di gamberetti
- 6 acciughe sott'olio
- 1 porro
- 2 foglie di alloro
- burro
- olio d'oliva extravergine
- sale e pepe

Difficoltà: Media

Preparazione: 20 minuti più 1 ora e 40 minuti di preparazione della pasta

Cottura: 15 minuti

Vino: Fiano di Avellino, (bianco, Campania)

Riviera Ligure di Ponente Pigato (bianco, Liguria)

Sgusciate i gamberetti, lavateli e lessateli per pochi minuti in acqua salata, insieme al porro, mondato e lasciato intero, e l'alloro, quindi sgocciolateli e metteteli da parte.

Stendete la pasta in una sfoglia sottile e ritagliatevi tanti quadrati di circa 10 cm di lato. Ricavate da ogni quadrato 2 triangoli e ponete su ciascuno, vicino al lato più lungo, 1 pezzetto di acciuga e 1 gamberetto.

Arrotolate i triangoli partendo dal lato più lungo verso l'angolo opposto, fermate la punta inumidendola con il polpastrello bagnato d'acqua e date a ogni cornetto una forma a falce di luna.

Ponete i cornetti su una placca da forno leggermente unta, spennellateli con una miscela di tuorlo e latte, salate e pepate e fate cuocere nel forno già caldo a 180 °C finché saranno dorati e ben gonfi.

Servite i cornetti caldi o freddi a piacere.

Cornetti alle mazzancolle

Ingredienti per 4 persone

- 250 g di pasta sfoglia
- 12 mazzancolle
- 1 uovo
- 150 g di filetto di salmone
- 1 fetta di cipolla
- 1 foglia d'alloro
- 1 pezzetto di sedano
- 40 g di ricotta
- 40 g di mascarpone
- 1 cucchiaio di olio d'oliva extravergine
- 2 grani di pepe bianco
- qualche stelo di erba cipollina
- sale e pepe

Difficoltà: Media

Preparazione: 30 minuti più 1 ora e 40 minuti di preparazione della pasta

Cottura: 20 minuti

Vino: Alto Adige Terlano Chardonnay (bianco, Trentino-Alto Adige)

Pulite le mazzancolle, privatele del filo nero intestinale, lavatele, asciugatele e conditele con l'olio, sale e una macianata di pepe.

Fate cuocere il salmone per 5-6 minuti in 0,5 l d'acqua portata a ebollizione con il sedano, la cipolla, l'alloro e i grani di pepe. Sgocciolatelo e lasciatelo raffreddare.

Tagliate a pezzi il salmone, passatelo al mixer, mettetelo in una terrina e unitevi la ricotta e il mascarpone, mescolando; salate e pepate e unite l'erba cipollina tagliuzzata. Stendete la pasta in una sfoglia sottile e ritagliatevi 6 quadrati di 10 cm di lato. Ricavate da ogni quadrato 2 triangoli e spennellatene la punta con l'uovo leggermente sbattuto.

Spalmate un poco di mousse di salmone sulla base dei triangoli, adagiatevi sopra 1 mazzancolla, ricopritela con un po' di mousse, avvolgetela nella pasta dalla base verso la punta e spennellate con l'uovo sbattuto rimasto.

Fate cuocere i cornetti nel forno già caldo a 180 °C finché saranno dorati e gonfi. Metteteli su un piatto da portata e serviteli subito.

Fagottini di pancetta

Ingredienti per 4 persone

- 2 cucchiai di burro
- 225 g di farina 00
- 2 dl di latte
- 100 g di pancetta
- 75 g di pecorino grattugiato
- burro per la placca
- 1 cucchiaio di salsa di pomodoro
- 1 cucchiaino di salsa Worcester
- sale

Difficoltà: Media

Preparazione: 30 minuti

Cottura: 25 minuti

Vino: Dolcetto di Acqui (rosso, Piemonte)

Corvo Rosso (Sicilia)

Fate dorare la pancetta sotto il grill del forno. Toglietela quindi dal forno, lasciatela raffreddare e tritatela finemente.

Setacciate la farina in una terrina con una presa di sale, quindi amalgamatevi il burro con le dita fino a ottenere un impasto granuloso. Aggiungetevi la pancetta tritata e 1/3 del pecorino e lavorate bene il tutto.

In un'altra terrina, mescolate 1,5 dl di latte, la salsa di pomodoro e la Worcester e unite la miscela ottenuta all'impasto. Lavorate con le mani fino a ottenere un composto soffice.

Stendete l'impasto in un disco di 18 cm di diametro, spennellatelo con il latte rimasto e tagliatelo in 8 spicchi.

Disponete gli spicchi di pasta su una placca da forno leggermente imburrata, spolverizzate con il formaggio grattugiato rimasto e fate cuocere nel forno già caldo a 200 °C per 20 minuti. Trasferite su un piatto da portata e servite.

FAGOTTINI CON SALSICCIA E RICOTTA

INGREDIENTI PER 4 PERSONE

- ✔ 400 g di pasta brisée
- ✔ 100 g di salsiccia
- ✔ 200 g di ricotta
- ✔ 100 g di prosciutto cotto
- ✔ 100 g di groviera
- ✔ 1 uovo e 1 albume
- ✔ 20 g di burro
- ✔ sale e pepe

DIFFICOLTÀ: Media

PREPARAZIONE: 30 minuti più 1 ora e 30 minuti di preparazione della pasta

COTTURA: 30 minuti

VINO: Dolcetto di Dogliani (rosso, Piemonte)

Chianti dei Colli Senesi (rosso, Toscana)

Private la salsiccia della pelle, sbriciolatela, raccoglietela in una padella, fatela dorare leggermente e sgocciolatela. Mettete la ricotta in una terrina, unite il prosciutto tritato, l'uovo, il groviera tagliato a pezzetti e la salsiccia rosolata, salate, pepate e mescolate bene.

Stendete la pasta in una sfoglia sottile e ritagliatevi dei quadrati di 8-10 cm di lato. Mettete al centro di ogni quadrato un poco del ripieno, richiudete a fagottino e spennellate la superficie con l'albume leggermente sbattuto.

Fate cuocere i fagottini in una teglia imburrata nel forno già caldo a 180 °C per 25 minuti.

Focaccine di gamberetti e peperoni

Ingredienti per 4 persone

- ✔ 300 g di pasta da pane
- ✔ 300 g di peperoni
- ✔ 150 g di code di gamberetti
- ✔ 1 cucchiaio di basilico tritato
- ✔ 1 cipolla
- ✔ 1 cucchiaio di maggiorana tritata
- ✔ 5 cucchiai di olio d'oliva extravergine
- ✔ sale e pepe

Difficoltà: Media

Preparazione: 30 minuti più 1 ora e 15 minuti di preparazione della pasta

Cottura: 20 minuti

Vino: Alezio Rosato (Puglia)

Garda Classico Chiaretto (rosato, Lombardia)

Pulite i peperoni, privateli dei semi e dei filamenti bianchi interni e tagliateli a dadini, quindi fateli saltare in un tegame con 2 cucchiai di olio per 4-5 minuti, mescolando ogni tanto, salateli e pepateli.

Sgusciate le code di gamberetti, privatele del filo nero intestinale, lavatele, fatele rosolare per 1 minuto in una padella con 2 cucchiai d'olio, salate e pepate.

Stendete la pasta in una sfoglia dello spessore di 4-5 mm e ricavatene tanti dischi di 6-7 cm di diametro. Disponete i dischi di pasta su una placca da forno, spennellata con l'olio rimasto, e distribuite sopra a ogni disco di pasta un cucchiaio di dadini di peperoni.

Fate cuocere le focaccine nel forno già caldo a 220 °C per 15-20 minuti: 2 minuti prima del termine della cottura distribuite su ogni focaccina qualche gamberetto. Togliete le focaccine dal forno, cospargetele con il basilico e la maggiorana, disponetele su un piatto da portata e servitele in tavola.

Focaccine di mais

Ingredienti per 4 persone

- ✔ 300 g di farina gialla macinata fine
- ✔ 1/2 l di latte
- ✔ 100 g di burro fuso
- ✔ 50 g di uvetta sultanina
- ✔ 1 bicchiere di grappa
- ✔ sale

Difficoltà: Media

Preparazione: 30 minuti

Cottura: 30 minuti

Vino: Vermentino di Gallura (bianco, Sardegna)

Albana di Romagna (bianco, Emilia-Romagna)

Fate ammorbidire l'uvetta sultanina nella grappa. Nel frattempo, portate il latte a ebollizione con un po' di sale, quindi versatevi la farina a pioggia, mescolando, e fate cuocere per circa mezz'ora, sempre rimestando fino a ottenere una polenta piuttosto densa, alla quale unirete poi l'uvetta sultanina ben strizzata.

Versate in una tazzina da tè alcune cucchiaiate di polenta, quindi capovolgeta la tazzina su un piatto da portata riscaldato per ottenere una focaccina leggermente bombata. Ripetete fino a esaurimento della polenta. Irrorate le focaccine col burro fuso e servite immediatamente.

La variante

Per dare alle focaccine un sapore più pronunciato, anziché irrorarle con il burro fuso, spalmatele con un poco di caprino e ricopritele con un velo di miele di castagno.

INGREDIENTI PER 4 PERSONE

- ✔ 250 g di pasta sfoglia
- ✔ 4 filetti di acciughe sott'olio
- ✔ 1 spicchio d'aglio ✔ 2 scalogni
- ✔ 1 ciuffo di erba cipollina
- ✔ 1 ciuffo di prezzemolo
- ✔ 20 g di burro ✔ 1 uovo
- ✔ olio d'oliva extravergine
- ✔ 1 cucchiaio di Brandy
- ✔ 200 g di prosciutto cotto tritato
- ✔ sale e pepe

DIFFICOLTÀ: Media

PREPARAZIONE: 30 minuti più 1 ora e 40 minuti di preparazione della pasta e 30 minuti di riposo

COTTURA: 30 minuti

VINO: Terre di Franciacorta Bianco (Lombardia)

Bianco d'Alcamo (Sicilia)

MINI CROISSANT ALLE ACCIUGHE

Sbucciate l'aglio e gli scalogni e passateli al mixer con i filetti di acciughe sgocciolati. Raccogliete il passato in una terrina con 1 cucchiaio d'olio, le erbe tritate e il Brandy.

Coprite e lasciate riposare per 30 minuti, quindi unite il prosciutto, il burro ammorbidito, il tuorlo, tenendo da parte l'albume, e sale e pepe a piacere.

Stendete la pasta e ritagliatevi tanti dischi di 10 cm di diametro. Mettetevi al centro 1 cucchiaio di ripieno, spennellatene i bordi con l'albume e ripiegateli formando delle mezzelune.

Sistemate le mezzelune in una teglia inumidita con poca acqua e cuocete nel forno già caldo a 220 °C per 30 minuti.

Mini croissant alle olive nere

Ingredienti per 4 persone

- 250 g di pasta sfoglia
- 15 g di burro
- 1 cipolla tritata
- 4 olive nere snocciolate
- 1 cucchiaino di prezzemolo tritato
- 1 uovo sbattuto
- sale e pepe

Difficoltà: Media

Preparazione: 25 minuti più 1 ora e 40 minuti di preparazione della pasta

Cottura: 40 minuti

Vino: Frascati (bianco, Lazio)

Colli Tortonesi Cortese (bianco, Piemonte)

Sciogliete il burro in una padella e fatevi cuocere la cipolla per 20 minuti a fuoco moderato fino a farla quasi caramellare. Spegnete il fuoco, aggiungete le olive affettate e il prezzemolo, regolate di sale e di pepe e lasciate raffreddare.

Stendete la pasta sfoglia e ricavatene tanti quadrati di 10 cm di base. Ricavate da ogni quadrato 2 triangoli, sistemate una cucchiaiata di composto di cipolla alla base di ciascun triangolo e arrotolate la pasta sul ripieno. Ricurvate i vertici dando la tipica forma di croissant.

Disponete i mini croissant su una placca da forno leggermente imburrata, spennellateli con l'uovo sbattuto, fateli dorare nel forno già caldo a 200 °C per 20 minuti e serviteli subito in tavola.

Il consiglio

Le olive nere che meglio si adattano a questa preparazione sono le olive nere dette "di Gaeta". Piccole e di colore bruno o violaceo sono perfette sia crude che cotte.

Mini quiche agli ortaggi

Ingredienti per 4 persone

- 250 g di pasta sfoglia
- 500 g tra fagiolini, zucchine, carote e porri
- 1,25 dl di panna
- 1,25 dl di latte
- 2 uova
- 1 noce di burro
- sale e pepe

Difficoltà: Media

Preparazione: 40 minuti più 1 ora e 40 minuti di preparazione della pasta

Cottura: 40 minuti

Vino: Soave Classico (bianco, Veneto)

Falerno del Massico Bianco (Campania)

Mondate i fagiolini, spuntate le zucchine, pelate le carote, pulite i porri accuratamente. Lavate gli ortaggi preparati, tagliate a listerelle le carote, le zucchine e i porri e riducete i fagiolini a pezzi di 2-3 cm di lunghezza.

Fate cuocere gli ortaggi separatamente per 2-3 minuti in acqua bollente salata, sgocciolateli sopra un telo e lasciateli raffreddare.

Stendete la pasta in una sfoglia dello spessore di 3 mm circa, ritagliatevi 12 dischi di 8 cm di diametro e foderatevi 12 stampini leggermente imburrati, bucherellate la pasta con una forchetta e distribuitevi sopra gli ortaggi.

Sbattete in una ciotola con una forchetta le uova, la panna, il latte e un pizzico di sale e di pepe finché risulteranno bene amalgamati, quindi versate il composto negli stampini sopra gli ortaggi.

Fate cuocere le mini quiche nel forno preriscaldato a 180 °C per 25 minuti e servitele subito ben calde.

Piadine con gorgonzola e prosciutto

Ingredienti per 4 persone

- ✔ 350 g di farina 00
- ✔ 20 g di lievito di birra
- ✔ 40 g di strutto o di burro
- ✔ 200 g di gorgonzola dolce
- ✔ 6 fettine di prosciutto cotto
- ✔ 1 mazzetto di basilico

Difficoltà: Media

Preparazione: 40 minuti più 30 minuti di lievitazione della pasta

Cottura: 15 minuti

Vino: Sangiovese di Romagna (rosso, Emilia-Romagna)

Vesuvio Rosso (Campania)

Disponete la farina a fontana sulla spianatoia, versatevi nel centro una presa di sale, il lievito e lo strutto, incorporate gli ingredienti e lavorateli per 15 minuti circa, aggiungendo acqua calda sufficiente a ottenere un impasto di media consistenza, quindi lasciatelo lievitare in luogo tiepido per 30 minuti.

Riprendete la pasta, lavoratela per 5 minuti, stendetela in una sfoglia sottile e ricavatene tanti dischi di 15-20 cm di diametro. Fate cuocere i dischi, uno alla volta, sull'apposito "testo" già caldo, o in una padella antiaderente preriscaldata, pochi minuti per parte.

Distribuite in parti uguali sulle piadine il gorgonzola dopo averlo sbriciolato con l'aiuto di una forchetta e mettetele a scaldare sotto il grill per non più di 5 minuti.

Togliete le piadine dal forno e, mentre sono ancora ben calde, mettetevi sopra le fettine di prosciutto. Guarnite le piadine con delle foglie di basilico, lavato e asciugato e servitele ben calde.

Piadine con radicchio e pancetta

Ingredienti per 4 persone

- ✔ 4 piadine romagnole
- ✔ 8 fettine di pancetta tesa
- ✔ 4 piccoli cespi di radicchio trevigiano
- ✔ 1 spicchio d'aglio
- ✔ 1 ciuffo di prezzemolo
- ✔ 3 cucchiai di olio d'oliva extravergine
- ✔ sale e pepe

Difficoltà: Media

Preparazione: 15 minuti più 1 ora di preparazione delle piadine

Cottura: 25 minuti

Vino: Trebbiano d'Abruzzo (bianco, Abruzzo)

Colli Bolognesi Riesling Italico (bianco, Emilia-Romagna)

Sbucciate l'aglio e passatelo al mixer con il prezzemolo, l'olio, sale e pepe fino a ottenere una salsina morbida e omogenea.

Mondate, lavate e asciugate il radicchio, affettatelo e fatelo cuocere su una griglia ben calda appena unta d'olio.

Toglietelo dalla griglia e tenetelo in caldo. Al suo posto, mettete le fettine di pancetta e fatele cuocere finché saranno croccanti.

Fate riscaldare le piadine sull'apposito "testo" o in una padella antiaderente, quindi distribuite su ogni piadina un cucchiaio della salsa all'aglio preparata. Completate con pancetta e radicchio e servite.

La variante

Al posto del radicchio di Treviso, potete utilizzare un'altra cicoria della varietà a foglia rossa, quale il radicchio rosso di Chioggia o il radicchio rosso di Verona.

Piadine con robiola all'aglio

Ingredienti per 4 persone

- 4 piadine romagnole
- 200 g di robiola fresca
- 1 mazzetto di prezzemolo
- qualche foglia tenera di sedano
- 1 ciuffo di basilico
- 3 spicchi d'aglio
- succo di limone
- 3 cucchiai di olio d'oliva extravergine
- sale e pepe

Difficoltà: Media

Preparazione: 20 minuti più 1 ora di preparazione delle piadine

Cottura: 10 minuti

Vino: Colli Tortonesi Cortese (bianco, Piemonte)

Colli Bolognesi Sauvignon (bianco, Emilia-Romagna)

Mondate, lavate e asciugate il prezzemolo, le foglie di sedano, il basilico e l'aglio.

Pestate in un mortaio il prezzemolo, il sedano e il basilico; aggiungete l'aglio, sale e pepe, continuate a pestare e aggiungete a filo l'olio.

Lavorate la robiola in una terrina finché diventerà cremosa e incorporatevi il pesto fino a ottenere una crema omogenea; a piacere unite qualche goccia di succo di limone. Fate riscaldare le piadine sull'apposito "testo" o in una padella antiaderente.

Spalmate sulle piadine calde la crema di robiola e servitele, cospargendole, a piacere, con una generosa macinata di pepe.

Piconi ascolani

Ingredienti per 4 persone

- 30 g di burro
- farina 00
- 9 uova
- 250 g di pecorino fresco grattugiato
- poco burro per la placca
- sale

Difficoltà: Media

Preparazione: 40 minuti più 2 ore di riposo

Cottura: 15 minuti

Regione: Marche

Vino: Lacrima di Morro d'Alba (rosso, Marche)

Valpolicella (rosso, Veneto)

Sgusciate 2 uova in una terrina, unite il burro fuso, un pizzico di sale e farina sufficiente a ottenere un impasto di giusta consistenza. Fate con la pasta una palla, mettetela in una terrina, copritela con un tovagliolo e ponetela a riposare per 2 ore in un luogo fresco.

Nel frattempo, sbattete energicamente in una terrina 6 uova con il formaggio e, a piacere, con una macinata di pepe e lasciate riposare il composto per 2 ore.

Stendete la pasta in una sfoglia sottile; ricavatene dei dischi di 10 cm di diametro, mettetevi al centro una cucchiaiata di ripieno e piegate il disco a metà pressando bene il bordo.

Fate un taglietto al centro dei piconi e spennellateli con l'uovo rimasto, sbattuto.

Trasferite i piconi su una placca imburrata e infarinata e fateli cuocere nel forno già caldo a 180 °C, per 10-15 minuti, finchè saranno dorati.

Pizzelle alla napoletana

Ingredienti per 4 persone

- 300 g di farina 00
- 20 g di lievito di birra
- 300 g di salsa di pomodoro
- parmigiano grattugiato
- origano
- olio per friggere
- sale

Difficoltà: Media

Preparazione: 30 minuti più 1 ora di lievitazione della pasta

Cottura: 15 minuti

Vino: Aversa Asprinio (bianco, Campania)

Bianco di Custoza (Veneto)

Stemperate il lievito con qualche cucchiaio d'acqua tiepida, unite un pugno di farina, impastate e fate lievitare coperto per mezz'ora.

Spezzettate il panetto lievitato e impastatelo con la rimanente farina, il sale e 1 bicchiere d'acqua tiepida.

Lavorate la pasta, mettetela in una terrina infarinata, coprite e fate lievitare in un luogo fresco per 1 ora.

Riprendete la pasta e lavoratela ancora velocemente. Dividetela in 12 pagnottelle, copritele con un telo, fatele lievitare finché non saranno raddoppiate di volume. Stendete le pagnottelle in dischi dello spessore di 3-4 mm, tenendo il bordo esterno leggermente più alto.

Scaldate l'olio in una padella, immergetevi le pizzelle e friggetele versandovi sopra continuamente con un cucchiaio l'olio per farle gonfiare bene. Sgocciolatele su carta da cucina, farcitele con la salsa di pomodoro, spolverizzatele con origano e parmigiano e portate in tavola.

Pizzette ai peperoni

Ingredienti per 4 persone

- 400 g di pasta da pane
- 300 g di peperoni
- 1 cipolla
- 1 acciuga sott'olio
- 1 mazzetto di basilico
- 2 rametti di maggiorana
- 5 cucchiai di olio d'oliva extravergine
- sale e pepe

Difficoltà: Media

Preparazione: 30 minuti più 1 ora e 15 minuti di preparazione della pasta

Cottura: 35 minuti

Vino: Aglianico del Taburno Rosato (Campania)

Garda Classico Chiaretto (rosato, Lombardia)

Pulite i peperoni privandoli dei semi e dei filamenti bianchi interni, lavateli, asciugateli e tagliateli a dadini. Sbucciate la cipolla e tritatela finemente; lavate il basilico e la maggiorana, asciugateli, sminuzzate il basilico e tritate la maggiorana.

Mettete in un tegame 3 cucchiai di olio e fatevi appassire la cipolla senza lasciarla dorare. Unite i dadini di peperone e fateli rosolare per 6-7 minuti, mescolando di tanto in tanto.

Insaporite con un pizzico di sale e pepe e, 1 minuto prima del termine della cottura, aggiungete l'acciuga a pezzetti.

Stendete la pasta in una sfoglia dello spessore di 4-5 mm e, servendovi di un tagliapasta, ricavatene tanti dischetti del diametro di 6-7 cm; di stribuitevi sopra un cucchiaio di composto di peperoni e quindi adagiateli in una teglia spennellata con l'olio rimasto.

Fate cuocere le pizzette nel forno già caldo a 200 °C per 20-25 minuti, quindi toglietele dal forno, cospargetele con il basilico e la maggiorana e servitele calde.

Pizzette con uova e pancetta

Ingredienti per 4 persone

- 400 g di pasta da pane
- 150 g di pancetta affumicata a fettine
- 300 g di polpa di pomodoro
- 120 g di scamorza affumicata
- 4 uova
- 2 cucchiai di olio d'oliva extravergine
- 1 cucchiaio di origano
- sale e pepe

Difficoltà: Media

Preparazione: 30 minuti più 1 ora e 15 minuti di preparazione della pasta

Cottura: 25 minuti

Vino: Alezio Rosato (Puglia)

Bardolino Chiaretto (rosato, Veneto)

Tagliate la pancetta a listarelle e rosolatela in un padella antiaderente a fuoco moderato, sgocciolatele e fatele asciugare su carta da cucina. Stendete la pasta e con un tagliapasta ricavatene 4 pizzette del diametro di 13-15 cm. Mettetele su una placca foderata con un foglio di carta da forno e distribuitevi sopra la polpa di pomodoro.

Irrorate le pizzette con l'olio d'oliva, salate e fatele cuocere nel forno già caldo a 200 °C per circa 15 minuti. Nel frattempo, tagliate la scamorza a listarelle e tenetele da parte. Sfornate le pizzette, distribuitevi sopra la pancetta e la scamorza, lasciando al centro di ogni pizzetta uno spazio vuoto.

Sgusciate le uova, mantenendo intatto il tuorlo nello spazio vuoto al centro delle pizzette, conservando anche pochissimo albume.

Salate e pepate e passate le pizzette nel forno già caldo a 200 °C per altri 5 minuti. Spolverizzate con l'origano e servite.

Pizzette integrali agli spinaci

Ingredienti per 4 persone

- 400 g di farina integrale
- 400 g di spinaci lessati
- 150 g di pomodori pelati passati
- olio d'oliva extravergine
- 1 mozzarella
- 1 cucchiaio di origano
- 25 g di burro
- sale e pepe

Difficoltà: Media

Preparazione: 35 minuti

Cottura: 15 minuti

Vino: Bianco di Custoza (Veneto)

Capri Bianco (Campania)

Tagliate la mozzarella a dadini. Tritate gli spinaci finemente e fateli insaporire in un tegame con burro, sale e pepe.

Disponete la farina a fontana sulla spianatoia, versatevi al centro 6 cucchiai d'olio, impastatela con acqua sufficiente a ottenere una pasta elastica e liscia, lavoratela bene, stendetela e con un tagliapasta ricavatene tante pizzette, che sistemerete in una teglia appena unta d'olio.

Distribuite sulle pizzette un po' di pomodoro, 1 cucchiaio di spinaci, un po' di mozzarella, sale, pepe e qualche goccia d'olio; spolverizzate con l'origano, cuocete nel forno già caldo a 180 °C per 15 minuti e servite.

Ingredienti per 4 persone

- 350 g di pasta sfoglia
- 40 g di margarina
- 30 g di farina 00
- 3 dl di latte
- 20 g di parmigiano grattugiato
- 200 g di punte di asparagi
- burro per la teglia
- sale

Difficoltà: Media

Preparazione: 30 minuti più 1 ora e 40 minuti di preparazione della pasta

Cottura: 20 minuti

Vino: Gambellara (bianco, Veneto)

Bolgheri Bianco (Toscana)

Vol-au-vent agli asparagi

Stendete la pasta aiutandovi con un matterello a uno spessore di 2 cm circa e ritagliatevi tanti dischi di 10 cm di diametro, nella metà dei quali ricaverete, servendovi di uno stampino rotondo più piccolo, un anello.

Sovrapponete tutti gli anelli ai dischi di pasta interi, spennellate la superficie con un po' di latte, quindi sistemate i vol-au-vent su una placca imburrata e fateli cuocere nel forno già precedentemente riscaldato a 200 °C per 15 minuti, finché saranno gonfi e dorati. Toglieteli dal forno e lasciateli raffreddare.

Nel frattempo, lessate le punte di asparagi, sgocciolatele e tagliatele a pezzetti. Fate sciogliere in una casseruola la margarina, incorporatevi delicatamente la farina, salate e, mescolando, diluite il tutto con il latte rimasto.

Portate la crema a ebollizione, continuando a mescolare, quindi unite il parmigiano e fate cuocere per 1 o 2 minuti.

Lasciate intiepidire la crema, quindi unitevi gli asparagi e riempite i vol-au-vent.

1 Ritagliate dalla sfoglia di pasta tanti dischi servendovi di uno stampino di 10 cm di diametro.

2 Incorporate alla crema preparata le punte di asparagi lessate e tagliate a pezzetti e mescolate delicatamente.

3 Quando saranno freddi, riempite i vol-au-vent con la crema agli asparagi.

INGREDIENTI PER 4 PERSONE

- 8 vol-au-vent
- 500 g di funghi
- 1 scalogno
- 1 cucchiaio di farina 00
- 1 dl di latte
- 50 g di burro
- 1 rametto di prezzemolo
- 1 tuorlo
- 1 mestolo di brodo
- 30 g di parmigiano grattugiato
- sale e pepe

DIFFICOLTÀ: Media

PREPARAZIONE: 20 minuti più 2 ore di preparazione dei vol-au-vent

COTTURA

30 minuti

VINO: Cortese di Gavi (bianco, Piemonte)

Montefalco Bianco (Umbria)

VOL-AU-VENT AI FUNGHI

Pulite i funghi strofinandoli con un panno umido dopo aver tagliato le parti terrose e quelle ammaccate con un coltellino e aver eliminato il terriccio tra le lamelle con uno spazzolino, quindi tagliateli a fettine piuttosto sottili.

Tritate finemente lo scalogno, fatelo rosolare in una casseruola con il burro e appena inizia a dorare unite i funghi. Regolate di sale, insaporite con un'abbondante macinata di pepe, diluite con il brodo e fate cuocere, a fuoco moderato, per circa 20 minuti.

Stemperate nei funghi la farina e, mescolando con un cucchiaio di legno, diluite il tutto con il latte, quindi portate a ebollizione.

Togliete dal fuoco la crema di funghi, incorporatevi il tuorlo, il parmigiano grattugiato e il prezzemolo, lavato e tritato finemente.

Riempite con il composto così ottenuto i vol au-vent, quindi passateli nel forno già caldo a 180 °C per almeno 7-8 minuti. Portateli in tavola ben caldi.

INGREDIENTI PER 4 PERSONE

- 8 vol-au-vent
- 150 g di tonno sott'olio
- 1 uovo
- 2-3 acciughe sott'olio
- 1 cucchiaio di capperi
- 8 cucunci
- 50 g di burro
- 1 cucchiaio di Cognac
- 1 ciuffo di prezzemolo

DIFFICOLTÀ: Media

PREPARAZIONE: 15 minuti più 2 ore di preparazione dei vol-au-vent

COTTURA: 8 minuti

VINO: Parrina Bianco (Toscana)

Nuragus di Cagliari (bianco, Sardegna)

VOL-AU-VENT AL TONNO

Mondate e asciugate il prezzemolo, sciacquate i capperi e sgocciolate il tonno, tenendo da parte l'olio di conservazione. Fate rassodare l'uovo, sgusciatelo e separate il tuorlo dall'albume.

Passate al mixer il tonno, le acciughe, i capperi, il burro, il prezzemolo, il tuorlo e il Cognac, aggiungendo l'olio del tonno tenuto da parte se il composto dovesse risultare troppo denso.

Mettete il composto nei vol-au-vent servendovi di una siringa da pasticciere, collocate 1 cucuncio su ciascun vol-au-vent e servite.

FRITTI

FRITTELLE E CROCCHETTE

ANTIPASTI FRITTI

Frittelle e crocchette sono forse uno degli antipasti più stuzzicanti e appetitosi, grazie alla croccante crosticina da cui sono avvolte, ottenuta con una tecnica solo apparentemente semplice: la frittura.

Questa categoria così eterogenea, che spazia dagli arancini di riso alle olive ascolane, dai panzerotti alla mozzarella in carrozza, raccoglie preparazioni che vengono tutte cotte mediante frittura.

LA FRITTURA

La frittura è un metodo di cottura che consiste nell'immergere un alimento in un grasso, sia esso olio, burro o strutto, portato a temperatura elevata.

Tecniche di frittura

A seconda che si effettui in poco o in molto grasso, la frittura avviene per convezione (quando il calore che cuoce passa da un liquido all'alimento) o per conduzione (quando passa direttamente dalla fonte di calore al cibo). Esistono, infatti, due tipi di frittura: quella "in padella" e quella "a immersione". Nella prima, che si realizza nella tradizionale padella nera di ferro, detta "lionese", o in una padella antiaderente dai bordi alti, il livello del grasso arriva a circa metà dell'altezza degli alimenti, che per una completa frittura dovranno essere girati. In questo caso, il cibo riceve calore tanto dal tegame quanto dal grasso in cui cuoce. Il secondo tipo di frittura, quella a immersione, in cui il cibo è completamente immerso nell'olio, utilizza una pentola dal fondo pesante a pareti alte o una friggitrice. In entrambe le tecniche, che sono tra di loro equivalenti, i principi fondamentali su cui si basa la frittura sono gli stessi e riguardano la scelta del grasso di cottura, la sua temperatura e la preparazione degli alimenti da friggere.

I GRASSI DI COTTURA

Nella frittura il grasso ha tre funzioni: quella di creare, raggiunta una

temperatura piuttosto elevata, una caramellizzazione superficiale dell'alimento (la tipica crosta dorata); quella di lubrificarlo impedendogli di attaccare e quella di insaporirlo. A seconda dei casi, il grasso per friggere può essere olio d'oliva extravergine, olio di semi, burro o strutto. Nella scelta, occorre tenere conto dell'aroma che esso sviluppa in cottura e, soprattutto, della sua capacità di reggere temperature elevate senza alterarsi, misurata con il "punto di fumo", ovvero la temperatura alla quale il grasso inizia a produrre del fumo e si liberano sostanze nocive e di sapore sgradevole.

Olio di oliva extravergine

L'olio di oliva extravergine è il grasso più indicato per ogni tipo di frittura, poiché sopporta temperature molto elevate (punto di fumo a circa 190 °C) e ha poco odore volatile; unici inconvenienti: il costo abbastanza alto e l'aroma, che può risultare troppo caratteristico per gli alimenti di sapore delicato.

Olio di semi

L'olio di semi è praticamente insapore e sopporta le alte temperature, pertanto è adatto alle fritture, purché non si tratti di oli di semi vari, bensì di oli monoseme; tra questi ultimi, però, sono da escludere gli oli di mais e di soia, perché, a differenza di quello di semi d'arachide, non reggono bene le alte temperature.

Burro e strutto

Il burro si usa per la frittura in padella o a bassa temperatura, perché ad alte temperature produce una sostanza tossica (l'acreolina). Per ovviare a questo inconveniente si può sostituire in parte con olio d'oliva, o usare il burro chiarificato (cioè depurato dalla caseina e dall'acqua e ridotto alla sola sostanza grassa), il cui punto di fumo è analogo a quello degli oli migliori. Lo strutto, che un tempo era molto utilizzato per la frittura, oggi è praticamente bandito dai dietologi e dai nutrizionisti.

IL CONSIGLIO

Una volta estratti dal grasso con il ragno o con un mestolo forato, i fritti devono essere adagiati su carta assorbente da cucina per eliminare l'unto in eccesso, senza però coprirli, per evitare di condensare l'umidità, rendendoli mollicci. Perché risulti asciutto e croccante, il fritto va salato solo al momento di servire e deve essere portato in tavola caldissimo.

PANATURA

1 *Preparate gli ingredienti per la panatura: mettete la farina in un piatto, in un altro sbattete le uova con un pizzico di sale e in un altro ancora disponete il pangrattato. Iniziate passando gli alimenti nella farina.*

2 *Immergete gli alimenti appena infarinati nell'uovo sbattuto.*

3 *Passate gli alimenti nel pangrattato e ricopriteli bene da entrambe i lati, premendoli in maniera che l'impanatura aderisca in modo uniforme.*

Alcune avvertenze

• Il grasso di frittura deve sempre essere abbondante, poiché il cibo friggendo assorbe sempre lo stesso quantitativo di grasso indipendentemente dalla quantità di quest'ultimo.

• Per impedire che il grasso bruci quando raggiunge il massimo del calore, occorre evitare di lasciarlo sul fuoco senza l'alimento da friggere: se questo non fosse ancora pronto, basta immergervi un pezzo di pane.

LA TEMPERATURA

Se la frittura nel burro avviene a una temperatura più o meno fissa (quando il burro passa dal colore rosso al nocciola), per la frittura in olio vi sono tre gradi di temperatura: quella media (tra i 140 e i 160 °C), per trance di pesce, carni o volatili a pezzi; quella alta (fino a 175 °C), per la frittura con rivestimento; quella molto alta (fino a 185 °C circa), per pesci piccoli e per patatine. La temperatura di frittura del grasso deve essere inversamente proporzionale alla dimensione dell'alimento da friggere: più è piccolo e più il grasso deve essere caldo; se l'alimento è grosso e spesso, la temperatura deve essere meno alta altrimenti brucerà all'esterno senza cuocere all'interno. Quando gli alimenti vengono immersi, si dovrebbe alzare il fuoco per 10 secondi, in modo da far superare al grasso la temperatura prevista (senza però farlo arrivare al punto di fumo) e compensare così il raffreddamento dovuto all'immissione dell'alimento.

Come misurare la temperatura

Per misurare la temperatura dell'olio si può utilizzare l'apposito termometro, oppure affidarsi a uno dei tanti modi empirici che si apprendono con la pratica, il più preciso dei quali consiste nell'immergere nell'olio un dadino di pane di circa 1 cm di lato: esso dorerà in circa 40 secondi a temperatura media, in 30 secondi a quella alta e in 25 a quella molto alta.

LE COPERTURE PER LA FRITTURA

Se alcuni alimenti compatti e asciutti, come patate, uova, crostini di pane e verdure a pasta soda, in grado di sopportare il calore della frittura, possono venire fritti al naturale, altri alimenti devono invece essere "protetti". La copertura, infatti, filtra il calore, cuocendo il cibo in profondità senza bruciarlo, e consente al cibo, isolandolo dal grasso, di conservare i propri succhi, mantenendosi morbido. La copertura può consistere in infarinatura, doratura, panatura o impastellatura.

Infarinatura

Per la riuscita di una buona infarinatura si asciuga bene l'alimento da friggere, si mette la farina in un recipiente o sul piano di lavoro, vi si passa l'alimento, in modo che risulti completamente ricoperto e infine lo si scuote affinché perda la farina in eccesso.

Doratura

Per ottenere una buona doratura, dopo aver asciugato accuratamente il cibo, lo si passa dapprima nell'uovo leggermente sbattuto e poi nella farina.

Panatura

La panatura conferisce al cibo fritto il suo classico aspetto.

PASTELLA: PREPARAZIONE

1 *Setacciate la farina in una capace terrina.*

2 *Formate una fontana e mettetevi al centro un poco di sale, i tuorli e l'olio.*

3 *Aggiungete qualche cucchiaio di latte (o acqua tiepida o birra) sbattete con cura usando una forchetta perché non si formino grumi; la pastella dovrà avere una densità che, sollevandola con un cucchiaio, cadrà a nastro. Immergete l'alimento nella pastella, estraetelo con un ragno e friggetelo.*

IL CONSIGLIO

È molto importante friggere pochi pezzi di alimenti alla volta, affinché non si attacchino fra di loro e per evitare che la temperatura del grasso di cottura non si abbassi troppo, provocando un eccessivo assorbimento di olio da parte degli alimenti.

ATTREZZATURA

1 Friggitrice elettrica
2 Padella a pareti alte con cestello
3 Palette
4 Ragno
5 Padella a pareti basse

Secondo l'uso più tradizionale, si procede passando prima il cibo nella farina, poi nell'uovo sbattuto leggermente salato e, infine, nel pangrattato. In molte ricette, tuttavia, essa è data dalla sola immersione del cibo nell'uovo sbattuto prima e nel pangrattato poi. Se non si vuole utilizzare l'uovo, si può impanare il cibo passandolo prima in un composto di farina diluita con acqua e insaporita con sale e noce moscata e poi nel pangrattato.

Impastellatura

Vegetali e frutta, ricchi all'interno di acqua di vegetazione, necessitano di essere avvolti in una pastella, che può essere più o meno liquida e più o meno saporita. Gli ingredienti base della pastella sono comunque farina, uova, un pizzico di sale e acqua o latte per diluire l'impasto. Nel caso di cibi salati le pastelle possono essere insaporite con formaggio grattugiato ed erbe aromatiche. Spesso, per gonfiare maggiormente i cibi, viene aggiunto anche un pizzico di lievito di birra o albumi montati a neve.

IL CONSIGLIO

Per girare gli alimenti durante la frittura, utilizzate sempre una paletta e non una forchetta, per evitare che il grasso penetri nei fori, diminuendo la consistenza del cibo. Quando li scolate, gli strumenti più idonei sono il ragno o, in alternativa, la paletta forata o il mestolo forato, detto anche schiumarola.

INGREDIENTI PER 4 PERSONE

- ✔ 200 g di farina 00
- ✔ 5 acciughe sotto sale
- ✔ 1 uovo
- ✔ olio per friggere
- ✔ sale e pepe

DIFFICOLTÀ: Bassa

PREPARAZIONE: 20 minuti

COTTURA: 10 minuti

VINO: Delia Nivolelli Bianco (Sicilia)

Albana di Romagna (bianco, Emilia-Romagna)

ACCIUGHE IN PASTELLA

Dissalate le acciughe, diliscatele e dividete ognuna di esse in 4 filetti. Sgusciate l'uovo, separate il tuorlo dall'albume e montate quest'ultimo a neve soda.

Versate in una terrina la farina, il tuorlo, un pizzico di sale e una macinata di pepe, quindi, mescolando, unite acqua tiepida in quantità sufficiente a ottenere una pastella dalla consistenza fluida.

Incorporate delicatamente alla pastella, mescolando dal basso in alto, l'albume montato a neve ben soda. Immergete qundi i filetti di acciuga nella pastella e poi sgocciolateli bene.

Fate scaldare abbondante olio in una padella e friggetevi i filetti di acciuga avendo l'accortezza di farli dorare in modo uniforme.

Sgocciolateli servendovi di un ragno o di un mestolo forato e posateli su carta assorbente da cucina a perdere l'unto in eccesso.

Trasferite le acciughe su un piatto da portata e servite.

Arancini di riso

Ingredienti per 4 persone

- 250 g di riso
- 1 bustina di zafferano ✔ 3 uova
- 150 g di piselli lessati
- 50 g di parmigiano grattugiato
- 200 g di carne di manzo tritata
- 1/2 cipolla affettata
- 1 spicchio d'aglio tritato
- farina 00 ✔ brodo di carne
- 2 cucchiai di concentrato di pomodoro
- 4 cucchiai di olio d'oliva extravergine
- 1,5 dl di vino rosso ✔ pangrattato
- olio per friggere ✔ sale e pepe

Difficoltà: Elevata

Preparazione: 30 minuti

Cottura: 1 ora

Regione: Sicilia

Vino: Etna Rosato (Sicilia)

Bolgheri Rosato (Toscana)

Lessate il riso, scolatelo e mescolatelo in una terrina con lo zafferano, il parmigiano e 2 uova sbattute.

Fate rosolare la cipolla con l'aglio in 4 cucchiai d'olio; quindi rosolatevi la carne per 2 minuti.

Bagnate con il vino, fate evaporare, unite il concentrato, che avrete sciolto in un mestolo d'acqua tiepida, pepate. Fate cuocere, coperto e a fuoco basso, per 45 minuti, bagnando ogni tanto con brodo caldo. Infine, unite i piselli.

Ricavate dal riso delle piccole sfere, lavorandole con le mani; inseritevi nel centro 1/2 cucchiaio di ragù e rimodellate bene le sfere in modo da renderle rotonde, compatte e lisce in superficie.

Infarinate gli arancini e passateli prima nell'uovo sbattuto rimasto e poi nel pangrattato; friggeteli in abbondante olio ben caldo e serviteli subito in tavola.

Arancini ripieni di cefalo

Ingredienti per 4 persone

- 300 g di riso ✔ 4 uova
- 150 g di piselli sgranati
- 150 g di filetti di cefalo a pezzetti
- 2 pomodori maturi e sodi
- 1 cipolla tritata ✔ pangrattato
- 1 l di brodo di pesce
- 60 g di burro
- 3 dl di vino bianco secco
- 4 cucchiai di olio d'oliva extravergine
- abbondante olio per friggere
- sale e pepe

Difficoltà: Elevata

Preparazione: 40 minuti

Cottura: 1 ora

Vino: Alcamo Bianco (Sicilia)

Piave Pinot Grigio (bianco, Veneto)

Tagliate i pomodori a dadini. Rosolate il pesce per 3 minuti in 2 cucchiai d'olio; versate metà del vino, fatelo evaporare, salate, pepate e cuocete per 10 minuti.

Soffriggete la metà del trito di cipolla nell'olio rimasto e rosolatevi i piselli; salate, pepate, bagnate con 1 mestolo d'acqua e cuocete per 10 minuti; fate quindi raffreddare, unite il pesce e il pomodoro.

Fate appassire in un tegame la cipolla rimasta con 30 g di burro, tostatevi il riso per 2 minuti, unite il vino rimasto e fatelo evaporare; aggiungete, un po' alla volta, il brodo bollente e portate a cottura. Lontano dal fuoco amalgamatevi il resto del burro, 2 uova e un pizzico di pepe; stendete il risotto su una placca e fatelo intiepidire.

Ricavate dal risotto tante palline e farcitele al centro con 1 cucchiaio di composto di cefalo e piselli; richiudetele, impanatele con le altre 2 uova sbattute e il pangrattato e friggetele in abbondante olio caldo; sgocciolate gli arancini e serviteli.

Cozze impanate

Ingredienti per 4 persone

- ✔ 1/2 kg di cozze
- ✔ 1 uovo
- ✔ 3 cucchiai di pangrattato
- ✔ 2 mazzetti di prezzemolo
- ✔ abbondante olio per friggere
- ✔ sale

Difficoltà: Bassa

Preparazione: 10 minuti

Cottura: 20 minuti

Vino: Alcamo Bianco (Sicilia)

Colli Orientali del Friuli Ribolla Gialla (bianco, Friuli-Venezia Giulia)

Raschiate bene le cozze, lavatele in abbondante acqua fredda, quindi sgocciolatele e mettetele in una padella; cospargetele con il prezzemolo, lavato e tritato, e attendete che si aprano, a fuoco moderato e a recipiente coperto, scuotendo il tegame di tanto in tanto.

Togliete il tegame dal fuoco, staccate i molluschi e metteteli in una terrina; eliminate i gusci (tenendone da parte una metà) e le cozze eventualmente rimaste chiuse.

Immergete le cozze, poche alla volta, nell'uovo, precedentemente sbattuto con un pizzico di sale, quindi passatele nel pangrattato.

Fate scaldare l'olio in una padella e fatevi friggere le cozze, lasciandole dorare in modo uniforme; sgocciolatele, posatele su carta da cucina, cospargetele con un pizzico di sale, rimettetele nei mezzi gusci vuoti tenuti da parte e servite.

Cozze in pastella

Ingredienti per 4 persone

- ✔ 2 kg di cozze ✔ 2 foglie di alloro
- ✔ 4 cucchiai di prezzemolo tritato
- ✔ 2 cucchiai di olio di semi di sesamo
- ✔ 1 ciuffo di prezzemolo
- ✔ 1 rametto di maggiorana
- ✔ 1 spicchio d'aglio
- ✔ 1 cucchiaio di latte
- ✔ 3 dl di vino bianco secco
- ✔ 1 uovo ✔ 2 cucchiai di farina 00
- ✔ abbondante olio per friggere
- ✔ origano ✔ sale e pepe

Difficoltà: Bassa

Preparazione: 15 minuti più circa 20 minuti di raffreddamento

Cottura: 20 minuti

Vino: Cortese di Gavi (bianco, Piemonte)

Etna Bianco (Sicilia)

Mettete in un tegame l'olio di semi di sesamo, aggiungete le cozze (dopo averle lavate e raschiate accuratamente), le erbe aromatiche, l'aglio e sale e pepe a piacere. Fate saltare le cozze per alcuni minuti a fuoco vivace, quindi aggiungete il vino bianco e coprite il tegame, avendo cura di scuoterlo ogni tanto.

Quando le cozze saranno aperte, toglietele dal fuoco e lasciatele raffreddare, quindi estraete i molluschi dai gusci e poneteli a sgocciolare su carta assorbente da cucina.

Nel frattempo, mescolate la farina in una terrina con il latte, l'uovo e sale e pepe a piacere, lavorando il composto fino a ottenere una crema fluida e omogenea.

Scaldate l'olio in una padella e fatevi friggere le cozze, precedentemente passate nella pastella, lasciandole dorare in modo uniforme; sgocciolatele con un mestolo forato, ponetele su carta da cucina, trasferitele infine su un piatto da portata, spolverizzate con il prezzemolo tritato e servite.

Crocchette di patate e provola affumicata

Ingredienti per 4 persone

- 600 g di patate
- 3 cucchiai di farina 00
- 2 cucchiai di parmigiano grattugiato
- 2 uova
- 2 cucchiai di pangrattato
- 100 g di provola affumicata
- abbondante olio per friggere
- sale e pepe

Difficoltà: Media

Preparazione: 30 minuti più circa 30 minuti di raffreddamento

Cottura: 50 minuti

Regione: Sicilia

Vino: Trentino Nosiola (bianco Trentino-Alto Adige)

L'ingrediente

Patate. Alimento oggi fra i più diffusi e versatili, le patate sono presenti sul mercato in diverse varietà: quelle a pasta gialla, sode e compatte, non perdono consistenza neppure se sottoposte a una lunga cottura e per questo sono le più indicate per le insalate. Quelle a pasta bianca, piuttosto farinose, sono invece adatte alla preparazione di purè, sformati e di ogni altro piatto che ne prevede la frantumazione, come, per l'appunto, le crocchette.

Lavate le patate, mettetele in una pentola e copritele con abbondante acqua fredda. Portate a ebollizione, salate e fatele cuocere per 30-35 minuti. Nel frattempo, tagliate la provola a pezzetti, sgusciate le uova e separate i tuorli dagli albumi.

Quando le patate saranno cotte, sgocciolatele, pelatele e passatele allo schiacciapatate. Unite 1 cucchiaio di farina, il parmigiano e i tuorli, salate e pepate; mescolate fino a quando avrete ottenuto un composto omogeneo e fatelo quindi raffreddare.

Una volta raffreddato, ricavate dal composto delle crocchette, formate una cavità al centro di ogni crocchetta e inseritevi un pezzetto di provola. Passate le crocchette nella farina rimasta, quindi negli albumi appena sbattuti e infine nel pangrattato.

Fate scaldare abbondante olio di oliva in una padella, immergetevi le crocchette, lasciandole dorare in modo uniforme; sgocciolatele, ponetele su carta assorbente da cucina, trasferitele su un piatto da portata e servitele calde.

Crocchette di uova sode

Ingredienti per 4 persone

- 5 uova
- 2 dl di latte
- 1 mazzetto di prezzemolo
- 70 g di farina 00
- 2 cucchiai di parmigiano grattugiato
- 1 foglia di alloro
- 100 g di pangrattato
- 30 g di burro
- olio per friggere
- noce moscata
- sale e pepe

Difficoltà: Media

Preparazione: 10 minuti

Cottura: 30 minuti

Vino: Valcalepio Bianco, (Lombardia)

Verdicchio di Matelica (bianco, Marche)

Fate rassodare 4 uova in un pentolino pieno di acqua per 9 minuti dal momento dell'ebollizione; sgocciolatele e fatele raffreddare sotto l'acqua corrente.

Sciogliete in un tegame il burro, unite l'alloro e 30 g di farina, mescolate, versate a filo il latte bollente, mescolando in continuazione per evitare la formazione di grumi, e fate cuocere la besciamella a fuoco dolce per circa 10 minuti; salate e togliete dal fuoco.

Eliminate l'alloro, unite il parmigiano, 2 cucchiai di prezzemolo tritato, una grattugiata di noce moscata, una macinata di pepe e mescolate; lasciate intiepidire.

Sgusciate le uova, tritatele e incorporatele alla besciamella, poi con le mani inumide formate delle crocchette ovali, passatele nella farina rimasta, nell'uovo sbattuto, e nel pangrattato e fatele friggere in abbondante olio bollente, lasciandole dorare in modo uniforme. Sgocciolatele su carta da cucina e servite.

Crocchette di zucchine

Ingredienti per 4 persone

- 600 g di zucchine
- 100 g di provolone piccante grattugiato
- 2 uova
- 150 g di pangrattato
- abbondante olio per friggere
- sale e pepe

Difficoltà: Bassa

Preparazione: 15 minuti

Cottura: 20 minuti

Vino: Erbaluce di Caluso (bianco, Piemonte)

Alcamo Bianco (Sicilia)

Lavate le zucchine sotto l'acqua corrente, spuntatele, mettetele in una casseruola e fatele lessare in acqua salata per 10 minuti.

Sgocciolate le zucchine, passatele al passaverdura e raccogliete il passato ottenuto in una terrina. Unite le uova, il provolone, sale, pepe e 1 cucchiaio di pangrattato, in modo da rendere più sodo il composto, e mescolate bene per renderlo omogeneo.

Con il composto ottenuto preparate tante crocchette, della stessa dimensione, e poi passatele nel pangrattato rimasto ricoprendole in modo uniforme. Fate friggere le crocchette in abbondante olio caldo, lasciandole dorare da ogni parte, sgocciolatele su carta assorbente da cucina e servitele ben calde.

Il consiglio

Per questa ricetta è preferibile scegliere zucchine di piccole dimensioni, perché sono più tenere e contengono meno acqua.

Ingredienti per 4 persone

- ✔ 8 ali di pollo
- ✔ 1 cucchiaio di farina 00
- ✔ 1 uovo
- ✔ 3 cucchiai di pangrattato
- ✔ acqua minerale
- ✔ abbondante olio per friggere
- ✔ sale e pepe

Difficoltà: Bassa

Preparazione: 20 minuti

Cottura: 10 minuti

Vino: Chianti dei Colli Senesi (rosso, Toscana)

Collio Merlot (rosso, Friuli-Venezia Giulia)

Fiocchi di pollo dorati

Lavate le ali di pollo in abbondante acqua fredda e asciugatele con un telo. Staccate ed eliminate le punte delle ali; privatele di buona parte della pelle ai lati e praticate con un coltellino affilato un'incisione attorno all'osso. Rovesciate adesso la carne verso il basso lasciando scoperto l'osso e ottenendo così i fiocchi di pollo.

Salate i fiocchi di pollo, pepateli secondo il vostro gusto e passateli nella farina, quindi nell'uovo leggermente sbattuto con l'acqua minerale e infine nel pangrattato.

Scaldate l'olio in una padella e fatevi friggere i fiocchi di pollo per circa 7-8 minuti, lasciandoli dorare in modo uniforme.

Sgocciolate i fiocchi di pollo servendovi di un mestolo forato, posateli su carta assorbente da cucina affinché perdano l'unto in eccesso, quindi trasferiteli su un piatto da portata e servite.

Ingredienti per 4 persone

- ✔ 12-16 fiori di zucca
- ✔ 4 alici a filetti
- ✔ 200 g di mozzarella a dadini
- ✔ 100 g di farina 00
- ✔ abbondante olio per friggere
- ✔ sale

Difficoltà: Bassa

Preparazione: 15 minuti

Cottura: 10 minuti

Regione: Lazio

Vino: Colli Piacentini Sauvignon (bianco, Emilia-Romagna)

Colli Albani (bianco, Lazio)

Fiori di zucca farciti

Togliete ai fiori il gambo e il pistillo, facendo attenzione a non romperli. Lavateli e asciugateli tamponandoli delicatamente con carta assorbente da cucina.

Tagliate la mozzarella a listarelle sminuzzate le alici e farcite con questi ingredienti i fiori di zucca.

Preparate una pastella densa con acqua, farina e sale, immergetevi uno alla volta i fiori farciti e fate sgocciolare l'eccesso di pastella.

Scaldate l'olio in una padella e friggetevi i fiori di zucca farciti. Sgocciolateli su carta assorbente da cucina affinché perdano l'unto in eccesso e serviteli caldi.

La variante

Altrettanto tradizionale è l'uso di farcire i fiori di zucca con 100 g di prosciutto crudo tritato, invece che con i filetti di alici.

Frittelle di borragine

Ingredienti per 4 persone

- 2 mazzetti di borragine
- 20 g di farina 00
- 1 uovo
- abbondante olio per friggere
- sale

Mondate la borragine e fatela sbollentare per 1 minuto in acqua leggermente salata, sgocciolatela, asciugatela bene e tagliatela a listarelle. Preparate una pastella con la farina, l'uovo e un pizzico di sale, aggiungendo l'acqua necessaria a ottenere un composto semiliquido e senza grumi.

Unite la borragine, mescolate e friggete il composto a cucchiaiate in olio bollente, lasciando dorare le frittelle. Sgocciolatele su carta da cucina e servite.

Difficoltà: Bassa

Preparazione: 15 minuti

Cottura: 10 minuti

Vino: Colli di Luni Bianco (Liguria)

Falanghina Bianco (Campania)

L'ingrediente

Borragine. Cresce spontanea nelle regioni temperate europee; in Italia è coltivata negli orti di Liguria e Campania. In cucina viene consumata unicamente cotta, nella preparazione di zuppe vegetali e nella mistura di erbe liguri (preboggion) per farcire i pansoti. La borragine, inoltre, è ben impiegata come integrazione nei tortelli di erbette e nei ripieni in genere, proprio come nel caso di questa ricetta. Si può servire anche cotta in padella, profumata e aromatizzata con aglio e acciuga.

Frittelle di carciofi

Ingredienti per 4 persone

- 4 carciofi teneri
- 150 g di farina 00
- 30 g di prezzemolo
- 1 spicchio d'aglio
- 1 limone
- 2 uova
- 3 cucchiai di vino bianco
- abbondante olio per friggere
- sale e pepe

Mondate i carciofi privandoli delle foglie esterne e delle punte; divideteli a metà e, dopo aver tolto la "barba" al centro, tagliateli a spicchi sottili e immergeteli in acqua acidulata con il limone. Tritate il prezzemolo assieme all'aglio.

Setacciate la farina in una terrina, unitevi un po' di sale e di pepe, quindi, sempre mescolando, le uova, il vino e il battuto di prezzemolo e aglio; amalgamate bene il tutto.

Sbollentate per 1 minuto circa gli spicchi di carciofo, quindi sgocciolateli bene, poneteli fra 2 teli per togliere l'acqua in eccesso e immergeteli nella pastella preparata.

Fate scaldare l'olio e immergetevi alcuni spicchi di carciofi impastellati, lasciando tra uno spicchio e l'altro un po' di spazio. Friggete le frittelle lasciandole dorare, girandole a metà cottura e sgocciolandole su carta da cucina. Proseguite così fino a esaurire gli ingredienti e servite.

Difficoltà: Bassa

Preparazione: 30 minuti

Cottura: 15 minuti

Vino: Orvieto Classico (bianco, Umbria)

Colli Piacentini Ortrugo Frizzante (bianco, Emilia-Romagna)

Frittelle di salvia

Ingredienti per 4 persone

- 12 foglie di salvia fresca di media grandezza
- 30 g di farina 00
- 1 uovo
- 1 l di latte
- abbondante olio per friggere
- sale

Difficoltà: Bassa

Preparazione: 15 minuti più 1 ora di riposo

Cottura: 15 minuti

Vino: Blanc de Morgex et de la Salle (bianco, Valle d'Aosta)

Verdicchio di Matelica (bianco, Marche)

Lavate le foglie di salvia, sgocciolatele e asciugatele con un telo.

Mettete in una terrina la farina con un pizzico di sale, unite il tuorlo (tenendo da parte l'albume) e, mescolando, amalgamate bene; aggiungete poco alla volta latte sufficiente a ottenere una pastella piuttosto densa e lasciatela riposare per almeno 1 ora.

Montate l'albume a neve ben ferma, incorporatelo alla pastella, unite la salvia e mescolate.

Fate scaldare l'olio in una padella e fatevi friggere brevemente la pastella a cucchiaiate, facendo attenzione che in ogni cucchiaiata vi sia una foglia di salvia. Sgocciolate le frittelle su carta da cucina e servite.

Il consiglio

Le foglie di salvia dovrebbero essere appena colte e molto tenere; le più adatte sono quelle alla cima del rametto. Nella preparazione della pastella, al posto del latte si può usare altrettanta birra chiara: in questo modo la frittura risulterà più leggera.

Frittelle di salvia ripiene

Ingredienti per 4 persone

- 16 grosse foglie di salvia tenera
- 1 zucchina
- 4 fettine sottili di mozzarella
- 2 uova
- pangrattato
- farina 00
- abbondante olio per friggere
- sale e pepe

Difficoltà: Bassa

Preparazione: 20 minuti

Cottura: 15 minuti

Vino: Nuragus di Cagliari (bianco, Sardegna)

Elba Bianco (Toscana)

Lavate e affettate nel senso della lunghezza la zucchina e riducetela a pezzetti della grandezza delle foglie di salvia; fate lo stesso con le fettine di mozzarella.

Lavate le foglie di salvia, conservando parte del gambo, asciugatele con carta da cucina e accoppiatele ponendo nel mezzo un pezzetto di zucchina e uno di mozzarella.

Infilzate le frittelle con uno stecchino di legno, immergetele nelle uova sbattute, passatele poi nella farina, di nuovo nelle uova e infine nel pangrattato.

Fate scaldare l'olio in una padella e fatevi friggere la salvia farcita, pochi pezzi alla volta, sgocciolandola con un mestolo forato, dopo 6-7 secondi, su carta da cucina; regolate di sale e di pepe, trasferite su un piatto da portata e servite.

FRITTELLE DI VERDURA

INGREDIENTI PER 4 PERSONE

- 300 g di farina 00
- 500 g di verdure a piacere (carote, finocchi, zucchine, ecc.)
- 25 g di lievito di birra
- 4 uova
- abbondante olio per friggere
- sale

DIFFICOLTÀ: Bassa

PREPARAZIONE: 20 minuti più 3 ore di riposo

COTTURA: 10 minuti

VINO: Colli Piacentini Ortrugo Frizzante (bianco, Emilia-Romagna)

Copertino Bianco (Puglia)

Mettete la farina in una ciotola e unitevi il lievito di birra sciolto in 1 dl abbondante di acqua tiepida, le uova e il sale; lavorate con cura la pastella fino a ottenere un composto omogeneo e lasciatelo lievitare per circa 3 ore, ricoperto da un telo, in un luogo tiepido.

Mondate le verdure, lavatele, sgocciolatele, tagliatele a listarelle e unitele alla pastella.

Fate scaldare l'olio in una padella e fatevi friggere a cucchiaiate le verdure immerse nella pastella, lasciandole dorare in modo uniforme, quindi scolatele con un mestolo forato, ponetele su carta da cucina, trasferitele su un piatto da portata e servite subito.

L'INGREDIENTE

Lievito di birra. Il lievito è l'agente responsabile della fermentazione, grazie alla quale la pasta si gonfia assorbendo anidride carbonica. Il lievito di birra, che può essere acquistato fresco in cubetti o disidratato in polvere, ha il vantaggio, rispetto al lievito madre o naturale, di diminuire i tempi di lievitazione.

FRITTELLE DI ZUCCA

INGREDIENTI PER 4 PERSONE

- 350 g di zucca
- 100 g di ricotta romana
- 100 g di parmigiano grattugiato
- 20 g di burro
- cannella in polvere
- noce moscata
- 30 g di farina 00
- abbondante olio per friggere

DIFFICOLTÀ: Media

PREPARAZIONE: 30 minuti

COTTURA: 30 minuti

VINO: Oltrepò Pavese Pinot Grigio (bianco, Lombardia)

Marino (bianco, Lazio)

Private la zucca della scorza e dei semi e tagliatela a pezzi, quindi spolverizzatela con la cannella, mettetela in una teglia imburrata e fatela cuocere nel forno precedentemente scaldato a 180 °C per 15 minuti circa finché sarà molto tenera. Toglietela dal forno e, ancora calda, passatela nel passaverdure.

Passate la ricotta al setaccio in una terrina e lavoratela finché non avrà raggiunto una consistenza cremosa.

Unite il parmigiano, una grattata di noce moscata e il passato di zucca e mescolate bene il tutto; disponete l'impasto sopra una spianatoia leggermente infarinata e lasciatelo raffreddare.

Formate con l'impasto dei cilindri di circa 2 cm di diametro, tagliateli alla lunghezza di circa 3 cm e passateli leggermente nella farina sulla spianatoia. Fate scaldare l'olio in una padella e fatevi friggere le frittelle, lasciandole dorare in modo uniforme, quindi sgocciolatele con un mestolo forato, posatele su carta da cucina, trasferitele su un piatto da portata e servite in tavola.

Ingredienti per 4 persone

- 20 g di zucchero
- 125 g di semola
- 1/2 l di latte
- la scorza grattugiata di 1 limone
- 4 bistecchine di vitello
- 4 polpettine di carne macinata
- 4 animelle di vitello
- 200 g di filoni (schienali) di vitello
- 1/2 cervella
- 4 fettine di fegato
- 6 pezzetti di salsiccia
- 4 amaretti
- 4 uova ✔ farina 00
- pangrattato
- 2 cucchiai di parmigiano grattugiato
- abbondante olio per friggere
- pepe

Difficoltà: Media

Preparazione: 40 minuti più 24 ore di riposo

Cottura: 20 minuti

Regione: Piemonte

Vino: Roero Arneis (bianco, Piemonte)

Frittura mista piemontese

Portate il latte a bollitura con lo zucchero e la scorza di limone e unite a pioggia la semola, mescolando. Fate cuocere per 5 minuti, rovesciate in una teglia e lasciate riposare per 24 ore.

Sbollentate la cervella, i filoni e le animelle per 2 minuti e scolateli. Tagliate tutte le carni a fettine e il semolino freddo a losanghe. Infarinate gli amaretti.

Passate le losanghe di semolino e gli amaretti prima nella farina, poi in 1 uovo leggermente sbattuto e infine nel pangrattato. Passate le carni nelle altre 2 uova leggermente sbattute e nel pangrattato. Amalgamate l'ultimo uovo con la carne tritata, il parmigiano e una macinata di pepe; formate delle polpettine e impanatele.

Fate friggere tutti gli ingredienti impanati in olio bollente. A parte, rosolate insieme il fegato infarinato e la salsiccia. Servite il fritto misto caldissimo.

La ricetta tradizionale

La nascita di questo piatto è legata al rito della macellazione del maiale e alla necessità di non sprecare nulla, neppure le parti più deperibili. In origine, il fritto misto annoverava i sanguinacci, il polmone, il fegato, i batsoà (piedini lessati e poi fritti), le fettine di lombo e tocchetti di salsiccia. Con il tempo si è arricchito di nuovi ingredienti: tipici del Monferrato sono i fiori di zucca e gli amaretti.

MOZZARELLA IN CARROZZA

INGREDIENTI PER 4 PERSONE

- 16 fette di pane raffermo dello spessore di 1 cm
- 2 mozzarelle
- 2 uova
- 1 dl di latte
- farina 00
- abbondante olio per friggere
- sale

DIFFICOLTÀ: Bassa

PREPARAZIONE: 15 minuti

COTTURA: 10 minuti

REGIONE: Campania

VINO: Falerno del Massico (bianco, Campania)

Gavi (bianco, Piemonte)

Tagliate ogni mozzarella in 8 fette della stessa dimensione e mettetele a sgocciolare su un telo.

Componete i panini, disponendo 1 fetta di mozzarella tra 2 fette di pane raffermo.

Sgusciate le uova in una terrina, sbattetele leggermente con una frusta, aggiungete il sale, unite tutto il latte e amalgamate bene il tutto. Passate i panini ripieni dapprima nella farina e poi nel composto di uova e latte sbattuti, in modo che ne siano ben imbevuti da entrambi i lati e lungo i bordi.

Fate scaldare l'olio in una padella, immergetevi le fette di pane farcite, lasciatele dorare uniformemente, quindi sgocciolatele con un mestolo forato e posatele su carta da cucina affinché perdano tutto l'unto in eccesso.

Trasferite le fette di pane su un piatto da portata e servite in tavola, accompagnandole, a piacere, con un'insalatina.

LA VARIANTE

Se volete ottenere una preparazione particolarmente croccante, passate le fette di pane ripiene oltre che nella farina e nel composto di uova e latte, come indicato in questa ricetta, anche nel pangrattato e poi ancora nell'uovo e nel pangrattato: in questo modo l'uovo e il pangrattato formeranno una solida "cassetta" che impedirà alla mozzarella di fuoriuscire durante la cottura.

Olive farcite all'ascolana

Ingredienti per 4 persone

- 400 g di olive verdi in salamoia molto grosse
- 100 g di salsiccia
- 100 g di polpa di vitello
- 2,5 dl di brodo di carne
- 50 g di lardo
- 250 g di pangrattato
- 1 dl di vino bianco ✔ 2 uova
- 1 cucchiaio di prezzemolo tritato
- 2 cucchiai di farina 00
- 2 noci di burro ✔ olio per friggere
- noce moscata ✔ sale

Difficoltà: Media

Preparazione: 30 minuti più 30 minuti di riposo

Cottura: 40 minuti

Regione: Marche

Vino: Falerio dei Colli Ascolani (bianco, Marche)

Gavi Bianco (Piemonte)

Prendete le olive e partendo dall'alto tagliate con un coltellino a lama sottile la polpa, girando a spirale attorno all'osso avendo cura di formare un nastro di un sol pezzo.

Tagliate a tocchetti la carne di vitello e la salsiccia spellata e fatele rosolare nel burro caldo. Bagnate il tutto con il vino, lasciate evaporare, quindi unite il lardo tagliato a dadini e fatelo rosolare a lungo.

Unite il brodo e fate bollire per circa 5 minuti, quindi sgocciolate e trasferite il tutto in una terrina, lasciando nel tegame il fondo di cottura. Versate nel tegame 2 cucchiai di pangrattato, mescolando per farlo amalgamare bene.

Passate al mixer la carne, la salsiccia e il lardo e uniteli al pangrattato; unite il prezzemolo, una grattugiata di noce moscata e 1 uovo. Impastate, salate sale e lasciate riposare per almeno 30 minuti.

Con il ripieno formate tante palline su cui avvolgere le olive snocciolate. Passatele nella farina, nell'uovo sbattuto e nel pangrattato e friggetele in olio caldo per 15 minuti.

Olive farcite in pastella

Ingredienti per 4 persone

- 100 g di farina 00
- 1 dl di latte
- 1 uovo
- 1 cucchiaio di olio d'oliva extravergine
- 150 g di olive snocciolate
- 30 g di mandorle sgusciate
- 4 filetti di acciuga sott'olio
- abbondante olio per friggere
- sale

Difficoltà: Media

Preparazione: 25 minuti più 1 ora di riposo

Cottura: 15 minuti

Vino: San Severo Bianco (Puglia)

Oltrepò Pavese Riesling Italico (bianco, Lombardia)

Setacciate la farina in una terrina, mettetevi al centro un pizzico di sale, il tuorlo, l'olio d'oliva e il latte. Mescolate iniziando dal centro e incorporatevi poco alla volta la farina e il latte. Fate riposare la pastella per almeno 1 ora.

Nel frattempo, fate scottare le mandorle in un tegame con acqua bollente; sgocciolatele, pelatele e asciugatele. Sgocciolate le acciughe dall'olio di conservazione e tagliatele a pezzetti. Riempite una parte di olive con 1 mandorla e le altre con pezzetti di acciughe.

Al momento di utilizzare la pastella, incorporatevi delicatamente l'albume montato a neve ben soda, immergetevi le olive ripiene, poche alla volta, e fatele friggere in olio caldo lasciandole dorare leggermente in modo uniforme.

Panzerotti alla mozzarella

Ingredienti per 4 persone

- 300 g di farina 00
- 150 g di mozzarella
- 2 uova e 1 albume
- 1 cucchiaio di zucchero
- strutto per friggere
- sale e pepe

Tagliate la mozzarella a dadini. Sgusciate le uova in una terrina, unitevi un pizzico di sale e sbattetele con una forchetta, quindi passatevi i dadini di mozzarella, sgocciolateli e metteteli in un piatto.

Disponete la farina a fontana sulla spianatoia e versatevi nel centro lo zucchero e il resto delle uova sbattute; salate, pepate e impastate fino a quando otterrete un impasto sodo e omogeneo. Stendete l'impasto in una sfoglia sottile e, servendovi di un tagliapasta, ricavatene tanti dischi. Mettete al centro di ogni disco di pasta qualche dadino di mozzarella e, con un pennello intinto nell'albume, bagnate i bordi della pasta; ripiegate su se stesso ciascun disco e premete con le dita per far aderire bene i lembi di pasta.

Fate scaldare lo strutto in una padella, fatevi friggere i panzerotti lasciandoli dorare in modo uniforme, quindi sgocciolateli con un mestolo forato, posateli su carta da cucina, trasferiteli su un piatto da portata e servite.

La variante

Se volete, potete aggiungere al ripieno dei panzerotti anche un grosso pomodoro maturo, privato della pelle e dei semi e ridotto a cubetti.

Difficoltà: Media

Preparazione: 30 minuti

Cottura: 10 minuti

Vino: Ischia Bianco (Campania)

Pigato (bianco, Liguria)

POLPETTINE DI PESCE E RISO

Ingredienti per 4 persone

- ✔ 300 g di filetti di pesce (merluzzo, nasello, sogliola)
- ✔ 250 g di riso superfino
- ✔ 1 cucchiaio di farina 00
- ✔ 2 uova
- ✔ la scorza grattugiata di 1 limone
- ✔ 2 cucchiai di pangrattato
- ✔ 1 cucchiaio di parmigiano grattugiato
- ✔ abbondante olio per friggere
- ✔ sale e pepe

Difficoltà: Bassa

Preparazione: 30 minuti più circa 30 minuti di raffreddamento

Cottura: 30 minuti

Vino: Gambellara (bianco, Veneto)

Falanghina (bianco, Campania)

Fate cuocere il riso in abbondante acqua bollente salata per 15 minuti circa, quindi scolatelo, stendetelo sul piano di lavoro e lasciatelo raffreddare.

Nel frattempo, pulite i filetti di pesce, lavateli, asciugateli, fateli cuocere al vapore per qualche minuto, quindi sgocciolateli di nuovo e tagliateli a tocchetti.

Raccogliete il riso in una terrina, aggiungetevi il pesce, la farina, 1 uovo e la scorza di limone, salate e pepate, mescolate bene il tutto e unitevi il parmigiano.

Formate con il composto delle polpettine, appiattitele un poco con il palmo della mano, passatele nell'uovo rimasto, leggermente sbattuto, quindi nel pangrattato e fatele riposare per 30 minuti circa.

Fate friggere le polpettine, poche alla volta, in abbondante olio caldo, sgocciolatele su carta da cucina, trasferitele su un piatto da portata e servite subito.

POLPETTINE DI POLENTA

Ingredienti per 4 persone

- ✔ 200 g di farina gialla
- ✔ 80 g di groviera grattugiato
- ✔ 1 uovo e 3 tuorli
- ✔ 4 cucchiai di pangrattato
- ✔ 20 g di burro
- ✔ abbondante olio per friggere
- ✔ sale

Difficoltà: Bassa

Preparazione: 25 minuti

Cottura: 1 ora e 10 minuti

Vino: Langhe Arneis (bianco, Piemonte)

Leverano Bianco (Puglia)

Portate a ebollizione in una pentola 6,5 dl di acqua salata; versatevi la farina a pioggia e fate cuocere per 1 ora circa, mescolando in continuazione e aggiungendo poca acqua calda se necessario. Poco prima di togliere la polenta dal fuoco, aggiungetevi il formaggio e il burro e mescolate.

Lasciate intiepidire la polenta, incorporatevi i 3 tuorli, quindi stendetela su un piano di marmo o su una placca da forno in uno strato dello spessore di 1 cm, livellatela con la lama bagnata di un coltello e lasciatela raffreddare.

Ricavate dalla polenta con uno stampino tanti dischetti di 3-4 cm di diametro. Passateli nell'uovo sbattuto, poi nel pangrattato, e friggeteli nell'olio caldo. Sgocciolate le polpettine su carta da cucina e servite.

La variante

Se desiderate delle polpettine dal sapore più rustico, preparate la polenta con una miscela composta da 4/5 di farina gialla e 1/5 di farina di grano saraceno. In questo caso prolungate la cottura di circa 40 minuti.

Raviolettti fritti alle erbe

Ingredienti per 4 persone

- ✔ 2 sfoglie di 100 g di pasta fresca all'uovo
- ✔ 200 g di formaggio fresco di capra
- ✔ 2 spicchi di aglio
- ✔ 1 mazzetto di erbe miste (erba cipollina, basilico, prezzemolo)
- ✔ abbondante olio per friggere
- ✔ sale e pepe

Difficoltà: Media

Preparazione: 40 minuti

Cottura: 5 minuti

Vino: Trentino Pinot Grigio (bianco, Trentino-Alto Adige)

Private il formaggio della crosta e schiacciatelo in una ciotola utilizzando la forchetta. Unite 4 cucchiai di erbe tritate con l'aglio e regolate di sale e pepe.

Distribuite il composto a mucchietti della dimensione di una nocciola su 2 delle sfoglie di pasta fresca e sovrapponetevi le altre 2 sfoglie, facendo aderire bene la pasta intorno al ripieno. Ritagliate quindi i ravioletti con l'aiuto di una rotella tagliapasta dentellata.

Scaldate l'olio e fatevi friggere i ravioletti, pochi per volta, per 1 minuto circa, lasciandoli dorare leggermente da entrambe le parti.

Sgocciolate i ravioletti su carta da cucina e poi trasferiteli su un piatto da portata. Salateli leggermente e spolverizzateli con una macinata abbondante di pepe nero.

Cospargete i ravioletti con il trito di erbe aromatiche fresche rimasto e servite immediatamente.

L'ingrediente

Aglio. Dell'aglio, pianta erbacea simile alla cipolla, si consuma il bulbo, chiamato anche testa, composto da una serie di spicchi, che varia da 6 a 14, racchiusi in tuniche secche protettive. Esistono due tipi di aglio, entrambi dal tipico sapore acre e intenso: quello bianco, o comune, a tuniche bianche e l'aglio rosa, a tuniche striate di rosa. Gli spicchi d'aglio si cucinano generalmente sbucciati; con la buccia e schiacciati hanno un gusto un po' meno pronunciato, che risulterà ancora meno forte se non schiacciati.

Supplì alla romana

Ingredienti per 4 persone

- 300 g di riso ✔ 2 fegatini
- 50 g di carne tritata ✔ 2 uova
- 30 g di grasso di prosciutto tritato
- prezzemolo tritato ✔ 20 g di burro
- 1 cucchiaio di passata di pomodoro ✔ 1/2 l di brodo
- 1 cucchiaio di parmigiano grattugiato ✔ pangrattato
- 10 g di funghi secchi tritati
- 1 cipolla ✔ 1/2 costa di sedano
- 100 g di mozzarella a dadini
- 1/2 spicchio d'aglio ✔ 1/2 carota
- 2 cucchiai di olio d'oliva extravergine ✔ olio per friggere
- sale e pepe

Difficoltà: Bassa

Preparazione: 45 minuti

Cottura: 1 ora e 20 minuti

Regione: Lazio

Vino: Cesanese del Piglio (rosso, Lazio)

Oltrepò Pavese Rosso (Lombardia)

Tritate i fegatini e tutte le verdure. Soffriggete con il grasso di prosciutto e 1 cucchiaio d'olio d'oliva le verdure tranne 1/2 cipolla. Unite la passata, sale e pepe e cuocete per 20 minuti a fuoco moderato. Unite la carne, i fegatini e i funghi e cuocete a fuoco basso per 20 minuti.

Soffriggete la 1/2 cipolla rimasta con il resto dell'olio. Unite il riso, versate il brodo bollente, la parte liquida del ragù e portate a termine la cottura. Unite il parmigiano grattugiato, 20 g di burro e, a fuoco spento, le 2 uova. Mescolate, salate, rovesciate il composto su un piatto, livellatelo e fate raffreddare.

Mettete nel palmo della mano un cucchiaio di risotto, versatevi al centro un po' di ragù e un po' di mozzarella. Coprite con altrettanto riso e modellate una crocchetta. Passate le polpette nel pangrattato e friggetele in abbondante olio caldo.

Torta fritta alla parmigiana

Ingredienti per 4 persone

- 300 g di farina 00
- 60 g di strutto
- 40 g di lievito di birra
- 2,5 dl di latte
- abbondante olio per friggere
- sale

Difficoltà: Bassa

Preparazione: 30 minuti più 1 ora di lievitazione

Cottura: 10 minuti

Regione: Emilia-Romagna

Vino: Colli Piacentini Trebbiano Valtrebbia (bianco, Emilia-Romagna)

Trebbiano d'Abruzzo (bianco, Abruzzo)

Sciogliete lo strutto in un tegame a fuoco basso. Disponete la farina a fontana, versatevi al centro lo strutto fuso, il lievito di birra diluito nel latte tiepido e un pizzico di sale e amalgamate bene, quindi lavorate con forza con le mani per 15 minuti.

Appiattite leggermente l'impasto e fatelo lievitare per 1 ora. Stendetelo poi in una sfoglia non troppo sottile e tagliatela a quadrati.

Scaldate l'olio in una padella e fatevi dorare i quadrati di pasta. Sgocciolateli bene su carta da cucina e servite subito.

La variante

A Modena è consuetudine sostituire lo strutto con lardo, pancetta o prosciutto cotto finemente tritati, usando per impastare acqua di cottura di zampone o cotechino. La torta fritta è una preparazione diffusa, con leggere variazioni, in tutta l'Emilia, dove viene chiamata anche "gnocco fritto".

Tortelli fritti di patate

Ingredienti per 4 persone

- ✔ 600 g di patate farinose
- ✔ 400 g di spinaci
- ✔ 100 g di scamorza
- ✔ 30 g di parmigiano grattugiato
- ✔ 1 uovo
- ✔ 20 g di burro
- ✔ abbondante olio per friggere
- ✔ sale e pepe

Difficoltà: Media

Preparazione: 30 minuti

Cottura: 30 minuti

Vino: San Colombano Bianco (Lombardia)

Alcamo Bianco (Sicilia)

Lavate gli spinaci, tagliateli a listarelle e fateli rosolare con il burro 2-3 minuti a fuoco vivace. Sgocciolateli, tritateli, rimetteteli nel tegame e fateli asciugare, mescolando.

Raccogliete gli spinaci in una terrina, unite la scamorza privata della crosta e tritata e il parmigiano grattugiato, salate e pepate e amalgamate bene il tutto.

Pelate le patate, lavatele, e tagliatele a fette sottili con un pelapatate. Spennellate metà delle fette con l'uovo sbattuto.

Mettete al centro di ogni fetta un mucchietto di ripieno, coprite con le fette di patate rimaste, premendo bene con le dita per sigillarle e ritagliate infine i tortelli con un tagliapasta dentellato di forma ovale.

Fate friggere i tortelli, pochi alla volta, in abbondante olio caldo, sgocciolateli su carta assorbente da cucina e servite.

Tortelli fritti di pecorino e menta

Ingredienti per 4 persone

- ✔ 200 g di farina 00
- ✔ 1/2 cucchiaio di strutto
- ✔ 200 g di pecorino fresco grattugiato
- ✔ 1 cucchiaio di foglioline di menta
- ✔ abbondante olio per friggere
- ✔ sale

Difficoltà: Media

Preparazione: 30 minuti

Cottura: 30 minuti

Vino: Trento Brut (spumante, Trentino-Alto Adige)

Verdicchio Castelli di Jesi (bianco, Marche)

Disponete sulla spianatoia la farina a fontana e versatevi al centro una presa di sale, lo strutto e acqua tiepida sufficiente a ottenere un impasto morbido, ma consistente, che lavorerete per circa 10 minuti. Dividete il panetto ottenuto a metà e stendetelo ricavandone 2 sfoglie non troppo sottili.

Tritate la menta e mescolatela al pecorino. Formate con il composto tante palline delle dimensioni di una noce e disponetele su una delle sfoglie.

Coprite con l'altra sfoglia, premete attorno al ripieno con la punta delle dita e, tagliando con una rotella attorno ad ogni pallina, ricavate tanti dischi di 7 cm di diametro.

Fate scaldare abbondante olio in una padella e friggetevi i tortelli, lasciandoli dorare da ogni parte. Sgocciolateli su carta assorbente da cucina e servite.

MARI

MARINATE, CARPACCI E INSALATE

NATE

ANTIPASTI CONDITI A CRUDO

Insalate di mare e di verdure, carpacci, pesci in carpione, zuppe di molluschi e cocktail di crostacei sono preparazioni a prima vista eterogenee che hanno, però, come comun denominatore, il fatto di prevedere un condimento.

Il condimento del pinzimonio può essere servito anche in piccole ciotole individuali, disposte di fianco al piatto di ogni commensale.

INSALATE

"Insalata" è un termine generico con cui vengono indicate sia le normali preparazioni a base di lattuga, radicchio ecc., sia quelle con altre verdure, singole o miste, di solito crude, ma che possono anche essere cotte e poi mescolate e servite fredde. Nella terminologia gastronomica moderna, tuttavia, il termine ha assunto un significato più ampio e oggi vengono chiamate insalate anche pietanze più complesse e ricche. In queste preparazioni l'ingrediente vegetale può essere del tutto assente o può comunque non essere quello principale e avere funzione aromatizzante o decorativa.

CARPACCI

Piatto ormai classico della cucina italiana, il carpaccio consiste in una preparazione a base di carne o di pesce crudi, affettati sottilissimi e conditi con salsine varie, che possono andare da una semplice citronette, a una maionese aromatiz-

zata o a una vinaigrette alla senape. Presentati in una versione leggera e in piccole quantità, come quelli qui proposti, i carpacci sono dei perfetti antipasti.

CARPIONI

Nella sua corretta definizione, il termine "carpione" designa più che un tipo di preparazione gastronomica, un metodo di conservazione destinato al pesce d'acqua dolce (tinche, agoni, anguille ecc.). È, però, ormai uso comune indicare con esso tutte quelle preparazioni in cui il pesce, anche di mare, dopo essere stato infarinato e fatto friggere con aromi diversi (cipolla, alloro o salvia, carota, sedano), viene lasciato marinare nel fondo di cottura addizionato di acqua e aceto (circa 1/4 di acqua per 3/4 di aceto forte) per almeno un giorno. Questa pratica è diffusa e conosciuta in tutta Italia con nomi differenti: "saor" in Veneto, "scabecio" in Liguria e "scapece" al Sud.

SOTTACETI E SOTT'OLI

Questi antipasti, composti da verdure, funghi ecc. conservati in aceto e aromi, sono degli eccellenti "stimola appetito". Serviti spesso indifferentemente con qualsiasi tipo di salume, dovrebbero invece accompagnare solo insaccati cotti di sapore robusto, come il salame cotto. Si ricorda, inoltre, che i sottaceti non prevedono l'abbinamento di nessun genere di vino.

Si dicono sott'oli tutti quei prodotti, di origine sia vegetale (verdure, funghi, olive ecc.) sia animale (salsicce, acciughe, caprini, ecc.) conservati sott'olio e fatti prima cuocere brevemente in acqua o acqua e aceto. Possono accompagnare qualunque tipo di antipasto.

IL CONSIGLIO

Quando preparate un carpaccio, se volete ottenere delle fettine di pesce davvero sottili, mettete il filetto o il trancio di pesce nel freezer per circa 15 minuti: così "raffreddato", sarà molto più facile da affettare.

VINAIGRETTE: PREPARAZIONE

1 Versate in una ciotola l'aceto e poi unitevi il sale emulsionando bene fino a quando non si sarà sciolto del tutto.

2 Aggiungete l'olio d'oliva extravergine continuando a emulsionare con cura il composto.

3 Unite l'erba aromatica (prezzemolo, erba cipollina, dragoncello e altro) tritata finemente.

TARTARE

Preparazioni a base di carne magra o di pesce (in particolare tonno) crudi, macinati piuttosto grossolanamente e conditi con prezzemolo, capperi, cipolla, filetti di acciuga, tuorlo d'uovo, salse piccanti (Tabasco, Worcester) e olio. La tartare, che originariamente prevedeva l'utilizzo soltanto di carne cruda, meglio se di cavallo, è un piatto sostanzioso servito di solito come secondo.
Oggi, le versioni più leggere e delicate a base di pesce e di verdure, come quelle qui presentate, vengono sempre più spesso servite come antipasti.

I CONDIMENTI DI BASE

Di seguito, troverete le indicazioni per la preparazione di una serie di condimenti, dalle semplici vinaigrette e citronette, con alcune delle loro rispettive varianti, alla tapenade e alle marinate. Per la maionese, che spesso è alla base di molti condimenti, si rimanda all'ultima sezione del volume.

Vinaigrette

La proporzione classica tra olio e aceto prevede l'uso di 1 cucchiaio di buon aceto forte (di vino rosso o di vino bianco, a piacere) ogni 3 cucchiai di olio. Le poche regole fondamentali sulla preparazione di questo condimento prevedono, prima di tutto, che il sale venga sciolto nell'aceto con una forchetta in una ciotolina, nella quale poi si aggiunge l'olio. Si insaporisce quindi, a piacere, con una macinata di pepe nero o bianco, si emulsiona il tutto e, infine, si distribuisce il condimento ottenuto sulla preparazione, mescolando il tutto con cura.
Della vinaigrette esistono diverse varianti, che prevedono l'aggiunta di ingredienti aromatizzanti ed erbe aromatiche, come, per esempio, le vinaigrette alla senape, all'aceto balsamico, alle noci e allo scalogno, che illustriamo di seguito, prendendo come base per gli ingredienti la dose standard di 4 cucchiai di olio extravergine d'oliva.

Vinaigrette alla senape

Unite all'emulsione di sale e aceto (di vino bianco) iniziale 1 cucchiaio di senape forte di Digione.

Vinaigrette all'aceto balsamico

Fate sciogliere completamente in una ciotolina il sale in 1 cucchiaio di aceto balsamico, unite quindi

I CONDIMENTI DI BASE

1 Vinaigrette all'aceto balsamico
2 Citronette all'arancia
3 Citronette
4 Vinaigrette alla senape
5 Vinaigrette allo scalogno
6 Vinaigrette alle noci

IL CONSIGLIO

Quando aggiungete le erbe aromatiche a una vinaigrette, fatelo sempre all'ultimo momento perché l'acidità dell'aceto ne altera il colore.

l'olio, 1 cucchiaino di capperi ben sgocciolati dal liquido di conservazione, 1 ciuffo di prezzemolo tritato finemente, una macinata di pepe, 1 tuorlo d'uovo sodo sbriciolato e l'albume tritato grossolanamente.

Vinaigrette alle noci

Aggiungete all'emulsione di olio, sale e aceto (di vino bianco) 1 cucchiaio di gherigli di noce tritati, 1 cucchiaino di erba cipollina tagliuzzata e una generosa macinata di pepe nero.

Vinaigrette allo scalogno

Unite all'emulsione di base (preparata con aceto di vino bianco) 1 scalogno tritato molto finemente, qualche stelo di erba cipollina tagliuzzata con le forbici e una generosa macinata di pepe bianco.

Citronette

Così è chiamata l'emulsione di olio, sale, pepe e succo di limone. La procedura è analoga a quella per la vinaigrette, con il succo di limone al posto dell'aceto. Per ottenere un'emulsione omogenea quando preparate la citronette il rapporto tra succo di limone e olio deve essere di 1 a 4.

Citronette all'arancia

Fate sciogliere 1/2 cucchiaio di miele in una ciotola con 1 cucchiaio di succo di limone e 1 cucchiaio di succo d'arancia. Aggiungete quindi, a filo, 3 cucchiai di olio d'oliva extravergine, emulsionando bene con una frustina e aggiungendo solo alla fine 1 cucchiaio di prezzemolo o di cerfoglio tritato.

Tapenade

La tapenade è un condimento di origine provenzale a base di olive nere, capperi e filetti di acciuga usato per condire diversi tipi di insalate, che ben si adatta anche a carpacci di tonno, pesce spada e salmone. La tapenade si può preparare più o meno piccante, a seconda dei gusti personali variando le dosi degli ingredienti, soprattutto quelle di acciughe e capperi. Snocciolate le olive nere e mettetele nella vaschetta del mixer, aggiungete i filetti di acciuga, i capperi sgoc-

ciolati e l'aglio (facoltativo) e tritate il tutto fino a ottenere una salsa liscia e omogenea. Versate il composto in una ciotola e aggiungete a filo olio d'oliva extravergine in quantità sufficiente a ottenere una crema morbida, continuando a mescolare. Unite il succo di limone e il pepe e mescolate.

Marinate

Molte delle preparazioni raccolte in questa sezione prevedono l'uso di marinate. Queste altro non sono che particolari condimenti aromatici (con l'eccezione di alcune marinate a base di latte) nei quali si fanno macerare carne e pesce prima della cottura o della preparazione a crudo per aromatizzarli o renderne più tenera la consistenza. Le marinate si dividono in crude e cotte. In queste pagine di scuola verranno considerate solo quelle crude, che si possono considerare condimenti a tutti gli effetti. Per le altre marinate si rimanda ai volumi dedicati alla carne, nei quali si troverà, in generale, una più estesa trattazione delle marinate destinate ai secondi piatti di carne e selvaggina.

Marinata all'arancia

Emulsionate con una frusta in una ciotolina qualche cucchiaio di olio extravergine d'oliva con un pezzetto di scorza di arancia non trattata, tagliata a listarelle finissime, e un poco di succo dell'agrume, unendo poi all'emulsione un pizzico di sale, qualche grano di pepe verde e qualche fronda di finocchietto o di aneto.

Marinata piccante

Aggiungete a un'emulsione di olio d'oliva extravergine e sale un peperoncino rosso spaccato e qualche fogliolina di basilico.

IL CONSIGLIO

Se il condimento richiede l'uso della scorza di agrumi, accertatevi sempre che si tratti di frutti non trattati. Asportate quindi la scorza utilizzando un coltellino molto affilato o un pelapatate: l'importante è incidere solo la parte colorata dell'agrume, evitando quella bianca amara.

MARINATE E ALTRI CONDIMENTI

1 Marinata agrodolce
2 Marinata all'arancia
3 Marinata al pepe rosa
4 Tapenade
5 Condimento all'aglio
6 Marinata piccante

Marinata agrodolce

Fate sciogliere un poco di senape di Digione in 1 cucchiaio di aceto balsamico, quindi unitevi olio d'oliva extravergine, qualche stelo di erba cipollina tagliuzzata con le forbici e 1 cucchiaio di miele.

Marinata al pepe rosa

Aggiungete qualche grano di questa spezia a una semplice emulsione di olio e sale, insieme a 1 spicchio d'aglio tritato.

Altri condimenti

Le combinazioni di ingredienti aromatizzanti ed erbe con cui si possono realizzare condimenti per insalate sono numerosissime.
Di seguito, forniamo la descrizione di alcuni di essi che si prestano, in particolare, ad accompagnare verdure crude servite come antipasto.

Condimento alle acciughe

Passate al mixer 4 filetti d'acciuga sott'olio, sgocciolati, con 1 ciuffo di prezzemolo, qualche fogliolina di maggiorana, 2 foglie di menta e 1 cucchiaio di succo di limone. Diluite il composto ottenuto con 4 cucchiai di olio d'oliva extravergine e insaporite con sale, pepe e foglie di menta spezzettate.

Condimento al gorgonzola piccante

Sbattete in una ciotolina 4 cucchiai di olio d'oliva extravergine e un pizzico di sale. Unite 50 g di gorgonzola piccante sbriciolato, 1 cucchiaio abbondante di nocciole tritate, emulsionate e insaporite con un pizzico di paprica dolce.

Condimento alle erbe aromatiche

Mettete 2 tuorli in una ciotolina con un pizzico di sale e il succo di 1/2 limone e sbattete il composto con una frustina, incorporando 2 dl di olio d'oliva extravergine a filo. Aggiungete quindi 1 cucchiaio di basilico tritato e 1 cucchiaio di menta anch'essa tritata, 1 spicchio d'aglio, cotto a vapore e ridotto in purè con una forchetta, e mescolate bene.

Condimento all'aglio

Incorporate a 1 dl di panna fresca 2 cucchiai di succo di limone e 1/2 spicchio d'aglio, tritato insieme a 1 ciuffo di basilico e a qualche stelo di erba cipollina, salate, pepate e mescolate.

IL CONSIGLIO

L'insalata in foglie e i pomodori vanno conditi sempre poco prima di servirli a tavola per evitare che si "cuociano". Se il condimento prevede, inoltre, l'uso di erbe aromatiche, affinché conservino intatto il loro profumo, esse devono, se possibile, essere sminuzzate con le mani; nel caso di erbe con fogliolie piccole, come timo e maggiorana, queste vanno staccate dai rametti facendoli scorrere tra le dita.

INGREDIENTI PER 4 PERSONE

- 400 g di acciughe (o alici) freschissime
- 2,5 dl di latte
- il succo di 2 limoni
- 1 spicchio d'aglio
- 2 dl di olio d'oliva extravergine
- 1 mazzetto di prezzemolo
- sale e pepe bianco

DIFFICOLTÀ: Bassa

PREPARAZIONE: 20 minuti più 6 ore e 30 minuti di marinatura

COTTURA: Nessuna

VINO: Falerio dei Colli Ascolani (bianco, Marche)

Bianco di Custoza (Veneto)

ACCIUGHE AL LATTE

Pulite le acciughe, eliminate la testa e privatele delle lische, quindi lavate i filetti sotto l'acqua corrente e asciugateli molto bene, ma delicatamente con carta da cucina.

Sistemate i filetti di acciughe con la parte aperta rivolta verso l'alto in un piatto fondo, ricopriteli con il latte e lasciateli marinare nel frigo per almeno 6 ore o, ancora meglio, per una notte intera.

Trascorso questo tempo, sgocciolate le acciughe, disponetele su un piatto da portata e irroratele con il succo di limone e l'olio d'oliva.

Lavate il prezzemolo, asciugatelo delicatamente con un telo e tritatelo finemente; sbucciate lo spicchio d'aglio e tritatelo.

Cospargete le acciughe con il prezzemolo e l'aglio appena tritati, insaporite con sale e pepe bianco, lasciatele marinare per almeno 30 minuti e servite.

1 Diliscate le acciughe, privatele della testa e apritele a libro.

2 Mettete le acciughe a marinare immerse nel latte per almeno 6 ore.

3 Servite le acciughe, marinate per 30 minuti anche in olio e limone, cosparse di aglio e prezzemolo.

Acciughe all'aceto

Ingredienti per 4 persone

- 500 g di acciughe fresche
- 20 g di prezzemolo
- 1 spicchio d'aglio
- 3 cucchiai di olio d'oliva extravergine
- 3 cucchiai di aceto di vino bianco
- sale e pepe

Difficoltà: Bassa

Preparazione: 20 minuti

Cottura: 10 minuti

Vino: Si sconsiglia l'abbinamento enologico

Pulite le acciughe, eliminate la testa e diliscatele; lavate i filetti sotto l'acqua corrente, sgocciolateli e stendeteli ad asciugare sopra un telo.

Mondate il prezzemolo, lavatelo e tritatelo con l'aglio sbucciato.

Fate appassire per pochi minuti il trito di aglio e prezzemolo in un tegame con l'olio, mescolando di tanto in tanto, quindi mettete anche le acciughe a raggiera, disponendole con le code rivolte verso il centro.

Insaporite con sale e pepe a piacere e fate cuocere le acciughe per 7 minuti, girandole e bagnandole con l'aceto a metà cottura.

Una volta pronte, trasferite le acciughe su un piatto da portata distribuendole con cura e servitele subito in tavola.

Antipasto di calamari

Ingredienti per 4 persone

- 400 g di calamari
- 1 patata
- 40 g di olive nere
- 2 cucchiai di vino bianco
- 2 cucchiai di olio d'oliva extravergine
- 20 g di prezzemolo
- sale e pepe

Difficoltà: Bassa

Preparazione: 20 minuti

Cottura: 25 minuti

Vino: Verdicchio di Matelica (bianco, Marche)

Riviera Ligure di Ponente Pigato (bianco, Liguria)

Mondate il prezzemolo, lavatelo, asciugatelo e tritatelo. Lavate la patata, fatela lessare in una pentola d'acqua, sbucciatela e tagliatela a dadini.

Nel frattempo, pulite i calamari, lavateli, tagliateli ad anelli e fateli cuocere in un tegame con l'olio e il vino per 8 minuti, mescolando di tanto in tanto.

Unite la patata, le olive nere snocciolate e il prezzemolo, insaporite con un pizzico di sale e una macinata di pepe e proseguite la cottura per 2 minuti.

Trasferite i calamari su un piatto da portata e servite subito.

La variante

Questa ricetta, come tutti i piatti a base di calamari, può essere preparata anche con i totanetti, tenendo conto, però, che questi ultimi sono più duri e meno saporiti e che richiedono tempi di cottura leggermente superiori rispetto a quelli indicati per i calamari.

Antipasto di carciofi e tonno

Ingredienti per 4 persone

- 4 carciofi
- 2 limoni
- 100 g di pecorino sardo
- 100 g di tonno sott'olio
- olio d'oliva extravergine
- 1 ciuffo di prezzemolo
- sale e pepe bianco

Difficoltà: Bassissima

Preparazione: 30 minuti

Cottura: Nessuna

Vino: Frascati (bianco, Lazio)

Mondate i carciofi, tagliateli a metà e privateli della "barba" interna, ponendoli in acqua fredda acidulata con il succo di mezzo limone per eviatare che si anneriscano.

Sgocciolate bene i carciofi e affettateli sottilmente. Metteteli in una insalatiera, conditeli con il succo del limone rimasto, un filo d'olio, sale, pepe e il prezzemolo, lavato e tritato finemente; mescolate e lasciate riposare per qualche minuto.

Unite ai carciofi il tonno sgocciolato e il formaggio tagliato a dadini, mescolate bene e servite.

Definizione

Barba. Con questo termine oppure con quello di "fieno", è detta la peluria dura che si sviluppa all'interno dei carciofi non giovani, tra le foglie e il cuore. Poiché risulta piuttosto sgradevole al palato, è meglio eliminarla, aprendo i carciofi e togliendola con un cucchiaino o uno scavino.

Ingredienti per 4 persone

- 3 cespi di radicchio rosso di Verona
- 1 pompelmo rosa
- 1 cespo di indivia riccia
- 400 g di petto d'anatra affumicato
- 100 g di prosciutto affumicato in 1 sola fetta
- 100 g di pancetta affumicata
- 2 cespi di cicoria belga
- 20 g di gherigli di noce
- 4 cucchiai di aceto di mele
- 1 dl di olio d'oliva extravergine
- sale e pepe

Difficoltà: Bassa

Preparazione: 20 minuti

Cottura: 5 minuti

Vino: Valpolicella Ripasso (rosso, Veneto)

Sicilia Nero d'Avola (rosso, Sicilia)

Antipasto di carni affumicate

Pulite le insalate, lavatele, asciugatele delicatamente con un telo e disponetele in un'ampia insalatiera.

Pelate a vivo il pompelmo e dividetelo a spicchi. Tritate i gherigli di noce; tagliate il petto d'anatra e il prosciutto a listarelle e la pancetta a dadini.

Scaldate l'olio in una padella e fatevi leggermente dorare la pancetta, quindi unite le listarelle di anatra e di prosciutto e fatele scaldare un poco, mescolando.

Emulsionate in una ciotolina l'aceto con il sale e il pepe, quindi versate la salsina sopra le insalate.

Mescolate, disponete al centro delle insalate il composto di anatra, prosciutto e pancetta caldo, distribuitevi attorno gli spicchi di pompelmo, cospargete con le noci tritate e servite.

Ingredienti per 4 persone

- 500 g di gamberetti
- 2 spicchi d'aglio
- 2 cucchiai di paprica dolce
- 4 cucchiai di olio d'oliva extravergine
- 2 pomodori
- sale

Difficoltà: Bassa

Preparazione: 20 minuti più 20 minuti di riposo

Cottura: 5 minuti

Vino: Collio Tocai Friulano (bianco, Friuli-Venezia Giulia)

Sciacca Grecanico (bianco, Sicilia)

Antipasto di gamberetti

Lavate i gamberetti, sgusciateli e, con la punta di un coltello, privateli del filo nero interno. Sbucciate gli spicchi d'aglio e tritateli finemente.

Fate scottare i pomodori per qualche istante in acqua bollente, quindi sgocciolateli, privateli della pelle, dei semi e dell'acqua di vegetazione e tagliateli a pezzetti.

Mescolate in una ciotolina la paprica con 2 cucchiai d'olio, 1 spicchio d'aglio e poco sale.

Scaldate l'olio restante con l'aglio in una padella e fatevi saltare i gamberetti per qualche minuto.

Trasferite i gamberetti con i pomodori in una insalatiera, condite con la salsa alla paprica, lasciate riposare la preparazione in frigorifero per 20 minuti e portate in tavola.

INGREDIENTI PER 4 PERSONE

- ✔ 16 noci di capesante
- ✔ 3 cespi di lattuga romana
- ✔ 1 carota
- ✔ 1 costa di sedano
- ✔ 4 cucchiai di olio d'oliva extravergine
- ✔ 20 g di burro
- ✔ sale e pepe

DIFFICOLTÀ: Bassa

PREPARAZIONE: 20 minuti

COTTURA: 10 minuti

VINO: Cortese di Gavi (bianco, Piemonte)

Verdicchio dei Castelli di Jesi (bianco, Marche)

CAPESANTE DORATE SU UN LETTO DI LATTUGA ROMANA

Lavate le noci di capesante e asciugatele; mondate la lattuga, dividete i cespi a metà per il lungo, lavateli, fateli scottare in acqua bollente salata per 2-3 minuti, sgocciolateli sopra un telo da cucina e asciugateli bene.

Spuntate la carota e pelatela, private il sedano dei filamenti, lavate entrambi, tagliateli a dadini, sbollentateli per 2-3 minuti e sgocciolateli, quindi rosolateli in un tegame con il burro e 2 cucchiai di olio. Unite la lattuga, salate e pepate e fatela dorare leggermente a fuoco vivace per qualche minuto.

Nel frattempo, in una padella antiaderente, spennellata con l'olio rimasto, fate rosolare le capesante per 2 minuti a fuoco vivace da entrambe le parti, poi insaporitele con un pizzico di sale e una macinata di pepe.

Distribuite la verdura su un piatto da portata, disponetevi sopra le capesante e servite.

INGREDIENTI PER 4 PERSONE

- ✔ 16 capesante ✔ 15 g di pinoli
- ✔ 800 g di vongole veraci spurgate
- ✔ 400 g di ortaggi puliti (carote, zucchine, porri, fagiolini)
- ✔ 50 g di foglie di basilico
- ✔ 1/2 spicchio d'aglio sbucciato
- ✔ 1 cucchiaio di parmigiano grattugiato
- ✔ 100 g di spinaci puliti
- ✔ 100 g di lattuga pulita
- ✔ 1,5 dl di olio d'oliva extravergine
- ✔ 1,5 dl di vino bianco
- ✔ 1 mazzetto di prezzemolo
- ✔ sale e pepe

DIFFICOLTÀ: Elevata

PREPARAZIONE: 40 minuti

COTTURA: 30 minuti

VINO: Verdicchio dei Castelli di Jesi (bianco, Marche)

CAPESANTE E VONGOLE CON MOUSSE AL PESTO

Aprite le capesante, staccate la noce e il corallo, lavatele, sgocciolatele e dividete la noce in due parti nel senso dello spessore.

Sbollentate spinaci e lattuga; sgocciolateli e fateli raffreddare. Passate al mixer aglio, pinoli, basilico, lattuga e spinaci, un pizzico di sale e 3 cucchiai d'olio. Versate il composto in una terrina, incorporatevi il parmigiano; unite a filo 4 cucchiai di olio e mescolate bene.

Fate aprire le vongole in una padella con 1 cucchiaio d'olio, il vino e il prezzemolo; sgusciatele e raccoglietele in una ciotola.

Fate rosolare per 2 minuti a fuoco vivace, le capesante rimaste in una padella spennellata con l'olio rimanente; salate e pepate.

Cuocete al vapore gli ortaggi a listarelle, disponeteli su un piatto da portata sopra la mousse al pesto, terminate con le capesante e le vongole e servite.

Caponata di patate

Ingredienti per 4 persone

- 400 g di patate
- 250 g di pomodori maturi e sodi
- 1 costa di sedano
- 2 cucchiai di capperi sotto sale
- 1 cipolla
- 1 dl di olio d'oliva extravergine
- 1 dl di aceto di vino bianco
- 1 cucchiaio di zucchero
- 100 g di olive verdi snocciolate
- sale e pepe

Difficoltà: Bassa

Preparazione: 25 minuti

Cottura: 20 minuti

Vino: Collio Malvasia Istriana (bianco, Friuli-Venezia Giulia)

Orvieto Classico (bianco, Umbria)

Pelate le patate, lavatele e tagliatele a dadini; immergetele in acqua fredda per 5 minuti, quindi sgocciolatele e asciugatele.

Sbucciate la cipolla, lavatela e affettatela. Private il sedano dei filamenti, lavatelo e riducetelo a pezzetti. Tagliate le olive a metà e dissalate i capperi sotto l'acqua.

Sbollentate i pomodori, privateli della pelle, dei semi e dell'acqua di vegetazione e riduceteli a dadini.

Fate appassire con la metà dell'olio la cipolla, unite il pomodoro e il sedano, salate e pepate e fate cuocere per 15 minuti. Aggiungete le olive, i capperi, l'aceto e lo zucchero e continuate la cottura per 2-3 minuti a fuoco moderato.

In un altro tegame, scaldate l'olio rimasto e fate cuocere le patate; salatele, unitele al composto preparato e lasciatele insaporire per 1 minuto. Trasferite la caponata su un piatto da portata e servitela.

Carciofi con fave in agrodolce

Ingredienti per 4 persone

- 1 kg di piselli freschi
- 3 kg di fave fresche
- 6 carciofi
- 3 cipolline
- 30 g di burro
- alcune foglie di menta
- 1,5 dl di aceto di vino bianco
- 1 cucchiaio di zucchero
- olio d'oliva extravergine
- sale e pepe

Difficoltà: Bassa

Preparazione: 15 minuti

Cottura: 15 minuti

Regione: Sicilia

Vino: Si sconsiglia l'abbinamento enologico

Sgranate le fave e i piselli. Tagliate i gambi ai carciofi, eliminate le foglie esterne più dure e le punte spinose.

Sbucciate le cipolline, lavatele, asciugatele e tritatele finemente, quindi fatele rosolare in una padella con l'olio e il burro, unitevi le fave, i carciofi, i piselli, il sale e il pepe e lasciate cuocere per 10 minuti, aggiungendo acqua bollente di tanto in tanto.

Quando gli ortaggi saranno teneri, aggiungete l'aceto, lo zucchero e le foglie di menta, fate evaporare l'aceto a fuoco vivace, mescolando, e spegnete il fuoco. Lasciate riposare e servite la preparazione fredda.

La variante

Questa classica preparazione siciliana (che, pur non avendo niente a che fare con una frittella, viene chiamata nel dialetto palermitano "frittedda") può anche essere consumata calda, senza, però, l'aggiunta finale di aceto e zucchero.

CARPACCIO DI PESCE SPADA

INGREDIENTI PER 4 PERSONE

- ✔ 300 g di filetto di pesce spada
- ✔ 1 mazzetto di crescione
- ✔ 1 dl di olio d'oliva extravergine
- ✔ pepe nero, verde e rosa, in grani
- ✔ sale

DIFFICOLTÀ: Bassissima

PREPARAZIONE: 15 minuti più 36 ore di marinatura

COTTURA: Nessuna

VINO: Etna Bianco (Sicilia)

Bardolino Chiaretto (rosato, Veneto)

Lavate il filetto di pesce spada, asciugatelo con carta da cucina, in una terrina cospargetelo con un po' di sale, 8 grani di pepe nero e 8 grani di pepe verde schiacciati e mettetelo a riposare in frigorifero per almeno 12 ore.

Estraete il piatto dal frigorifero, togliete il pepe e irrorate il filetto di pesce con l'olio, versandolo a filo; quindi rimettete il piatto con il pesce in frigorifero e tenetevelo per altre 24 ore, girandolo delicatamente di tanto in tanto. Al momento di servire, pulite il crescione; lavatelo, asciugatelo e distribuitelo su un piatto da portata.

Adagiate sopra il crescione il pesce, sgocciolato dopo averlo tagliato di sbieco a fettine sottilissime con un coltello ben affilato; cospargetelo con qualche grano di pepe rosa e qualche grano di pepe verde, schiacciati. Irrorate in modo uniforme il carpaccio di pesce spada con un po' d'olio della marinata e servitelo decorandolo a piacere con qualche chicco di melagrana.

Ingredienti per 4 persone

- 1,5 kg di polpo
- 1,5 l di court-bouillon
- 100 g di fagiolini lessati
- 1 falda di peperone arrostito
- 1 cuore di lattuga
- il succo di 1/2 limone
- olio d'oliva extravergine
- sale e pepe

Difficoltà: Media

Preparazione: 30 minuti più 24 ore di riposo

Cottura: 30 minuti

Vino: Orvieto (bianco, Umbria)

Monreale Grillo (bianco, Sicilia)

Carpaccio di polpo

Portate a ebollizione il court-bouillon, fatelo sobbollire per 10 minuti, poi lessatevi per 20 minuti il polpo lavato e pulito.

Fate raffreddare il polpo nell'acqua, estraetelo, eliminate la pelle violastra e raccoglietelo in uno scolapasta. Sovrapponete un piatto piano, ponetevi sopra un grosso peso e lasciate in frigorifero per 24 ore.

Preparate nel piatto da portata un letto di lattuga mista con dadini di peperone arrostito e fagiolini lessati. Togliete il polpo dal frigorifero e affettatelo finemente.

Adagiate le fettine sull'insalata, condite con succo di limone, sale, pepe e olio emulsionati e servite.

Definizione

Court-bouillon. Il termine indica un liquido aromatizzato nel quale si lessano pesci e crostacei. Nella cucina familiare si prepara con acqua salata aromatizzata con cipolla, sedano e carota.

Cocktail di asparagi

Ingredienti per 4 persone

- ✔ 500 g di asparagi
- ✔ il succo di 1 limone
- ✔ 2 fette di ananas
- ✔ 100 g di prosciutto cotto in una fetta sola
- ✔ prezzemolo
- ✔ 1 pomodoro
- ✔ qualche goccia di Brandy
- ✔ 1 uovo sodo
- ✔ 4 foglie di lattuga
- ✔ 1 tazza di maionese
- ✔ sale

Difficoltà: Bassissima

Preparazione: 20 minuti

Cottura: 10 minuti

Vino: Terre di Franciacorta Bianco (Lombardia)

Montecarlo Bianco (Toscana)

Pareggiate gli asparagi eliminando la parte finale più dura, pelateli con un pelapatate ad archetto, lavateli, legateli in mazzetti e fateli lessare in acqua bollente leggermente salata, facendo attenzione a non farli cuocere troppo, altrimenti le punte si sfalderanno.

Sgocciolate gli asparagi e passateli sotto acqua corrente per ravvivarne il colore, quindi slegateli e tagliatene la parte tenera a pezzetti.

Tagliate a dadini il prosciutto, sgrassato, e le fette di ananas. Mescolate tutti gli ingredienti in una terrina e poneteli in 4 coppe individuali rivestite con foglie di lattuga.

Coprite con la maionese, guarnite con fettine di uovo sodo e di pomodoro e cospargete con il prezzemolo tritato.

La variante

Cocktail. Il termine, che normalmente indica una miscela di distillati di liquori vari e altri liquidi o un tipo di ricevimento, si impiega anche come sinonimo di macedonia o insalata mista servita in coppe individuali.

Cocktail di granchio

Ingredienti per 4 persone

- ✔ 250 g di polpa di granchio in scatola
- ✔ 300 g di funghi freschi
- ✔ 300 g di fagiolini
- ✔ 2 pomodori
- ✔ qualche stelo di erba cipollina
- ✔ succo di limone
- ✔ olio d'oliva extravergine
- ✔ sale e pepe

Difficoltà: Bassa

Preparazione: 20 minuti

Cottura: 25 minuti

Vino: Arneis (bianco, Piemonte)

Orvieto (bianco, Umbria)

Mondate i funghi eliminando il terriccio e il fondo dei gambi, quindi lavateli con un telo umido, affettateli sottilmente e metteteli in una terrina con un po' di succo di limone per evitare che anneriscano.

Private i fagiolini dei filamenti, puliteli e fateli lessare in poca acqua salata, per 25 minuti circa dall'inizio dell'ebollizione. Sgocciolateli, lasciateli raffreddare, quindi tagliateli a pezzetti di 2 o 3 cm.

Sbollentate i pomodori, privateli della pelle e dei semi, riduceteli a dadini e aggiungeteli ai funghi insieme ai fagiolini e alla polpa di granchio, sgocciolata del liquido di conservazione e divisa in filamenti.

Condite con olio, un poco di sale e una macinata di pepe, mescolate bene e spolverizzate con l'erba cipollina tagliuzzata.

Servite il cocktail di granchio, a piacere, in coppette individuali rivestite con foglie di lattuga.

Ingredienti per 4 persone

- 1,5 kg di fave fresche
- 300 g di pecorino romano
- sale

Difficoltà: Bassissima

Preparazione: 5 minuti

Cottura: Nessuna

Regione: Lazio

Vino: Frascati (bianco, Lazio)

Soave (bianco, Veneto)

Fave e pecorino romano

Sgranate le fave e privatele della pellicina, distribuitele in 4 ciotoline da portata, che sistemerete su 4 piattini.

Tagliate a scaglie il pecorino, privandolo della crosta, e distribuitelo sui piattini.

Predisponete una saliera per commensale, in modo che ciascuno possa intingervi le fave o gustarle con il pecorino.

La variante

Potete portare in tavola le fave (piccole e tenere) nei baccelli. Tradizionalmente, infatti, vengono servite in questo modo e sgranate dai commensali.

Ingredienti per 4 persone

- 400 g di filetti di pesce persico
- 150 g di carote
- 1 foglia di alloro
- 1 mazzetto di dragoncello
- 1 dl di olio di sesamo
- 4 cucchiai di vino bianco secco
- 1 dl di aceto di vino bianco
- 2 coste di sedano
- 200 g di cipolle
- 1 mazzetto di prezzemolo
- sale e pepe

Difficoltà: Bassa

Preparazione: 20 minuti più 24 ore di riposo

Cottura: 15 minuti

Vino: Verdicchio dei Castelli di Jesi (bianco, Marche)

Lison Pramaggiore Bianco (Veneto)

Filetti di persico in carpione

Lavate i filetti di pesce, asciugateli e insaporiteli con sale e pepe. Sbucciate le cipolle e affettatele finemente. Spuntate le carote, pelatele, lavatele e tagliatele a listarelle. Private il sedano dei filamenti, lavatelo e tagliate anch'esso a listarelle.

Scaldate 2 cucchiai di olio in un tegame e fatevi appassire le carote e le cipolle. Unite l'alloro, la metà del prezzemolo e del dragoncello lavati, l'aceto, il vino e 1/2 bicchiere di acqua. Salate, pepate e portate a ebollizione.

Continuate la cottura fino a quando il liquido sarà ridotto alla metà. Adagiate i filetti di pesce in una pirofila spennellata di olio, versatevi sopra il composto preparato e irrorate con l'olio rimasto. Ponete la pirofila nel forno già caldo a 180 °C e fate cuocere per 5-7 minuti.

Sfornate e lasciate raffreddare completamente. Ponete quindi la pirofila in frigo e fate riposare il tutto per 24 ore. Al momento di servire, cospargete i filetti con il prezzemolo e il dragoncello rimasti, lavati e tritati.

Ingredienti per 4 persone

- 400 g di filetti di stoccafisso un poco spessi, già ammollati in acqua fredda
- 6 cucchiai di olio d'oliva extravergine
- 3 cucchiai di succo di limone
- 150 g di pomodori maturi e sodi
- 1 costa di sedano
- 80 g di peperone verde
- 1 scalogno affettato
- 1 mazzetto di prezzemolo tritato
- 50 g di olive nere dolci snocciolate
- sale e pepe

Difficoltà: Bassa

Preparazione: 20 minuti più 30 minuti di riposo

Cottura: Nessuna

Vino: Soave (bianco, Veneto)

Filetti di stoccafisso marinati

Sbollentate i pomodori, privateli della pelle, dei semi e dell'acqua di vegetazione e tagliateli a dadini.

Mondate il sedano e il peperone, lavateli e tagliateli a listarelle.

Lavate i filetti di stoccafisso, sgocciolateli e asciugateli, quindi tagliateli trasversalmente a fettine molto sottili. Irrorate con 1 cucchiaio di succo di limone un piatto fondo da portata, distribuitevi i filetti, irrorateli con il succo di limone rimasto e fateli riposare in luogo fresco per 30 minuti, girandoli 3 o 4 volte.

Versate l'olio sui filetti di pesce e fateli riposare per altri 10 minuti, girandoli un paio di volte. Aggiungete il pomodoro, il peperone e il sedano, lo scalogno, le olive e il prezzemolo; salate, pepate e tenete la preparazione in frigo fino al momento di servire in tavola.

Il consiglio

Se utilizzate lo stoccafisso secco, tenete presente che durante l'ammollo i filetti di pesce "crescono" raggiungendo quasi il doppio del loro peso originario.

INSALATA AL PROSCIUTTO E MELONE

INGREDIENTI PER 4 PERSONE

- ✔ 1 melone
- ✔ 2 gambi di sedano
- ✔ 2 pomodori maturi e sodi
- ✔ 100 g di prosciutto tagliato a fette non troppo sottili
- ✔ 100 g di insalata mista
- ✔ 3 ravanelli
- ✔ 1 cetriolo
- ✔ 1 mazzo di basilico
- ✔ 4 cucchiai di olio d'oliva extravergine
- ✔ 3 cucchiai di succo di limone
- ✔ sale e pepe

DIFFICOLTÀ: Bassa

PREPARAZIONE: 20 minuti

COTTURA: Nessuna

VINO: Bianco di Custoza (Veneto)

Verdicchio di Matelica (bianco, Marche)

Private il melone della buccia e dei semi e ricavatene tante palline con l'apposito scavino, oppure tagliatelo a dadini; lavate il basilico e sminuzzatelo.

Private il sedano dei filamenti, lavatelo e tagliatelo a rondelle; lavate i pomodori, asciugateli e divideteli a spicchi; pulite l'insalata, lavatela, asciugatela e spezzettatela.

Spuntate i ravanelli, lavateli e affettateli sottilmente; sbucciate il cetriolo e tagliatelo a rondelle; dividete le fette di prosciutto in 4 parti.

Sbattete con una forchetta in una ciotolina il succo di limone con un pizzico di sale, una macinata di pepe e l'olio.

Mettete in un'insalatiera le palline di melone, le rondelle di sedano, gli spicchi di pomodoro, l'insalata, le rondelle di cetriolo e di ravanello e il prosciutto, condite con la salsa, cospargete con il basilico sminuzzato e servite.

INSALATA CAPRESE

INGREDIENTI PER 4 PERSONE

- ✔ 400 g di mozzarella di bufala campana
- ✔ 12 fette di pomodoro
- ✔ 8 cucchiai di olio d'oliva extravergine
- ✔ 12 foglie di basilico
- ✔ sale

DIFFICOLTÀ: Bassissima

PREPARAZIONE: 10 minuti

COTTURA: Nessuna

VINO: Greco di Tufo (bianco, Campania)

Castelli Romani Bianco (Lazio)

Disponete su ciascuno dei 4 piatti individuali 3 fette di pomodoro, quindi ponete sopra a esse 3 fette di mozzarella e coprite con 3 foglie di basilico.

Condite all'ultimo con l'olio d'oliva extravergine, regolate di sale e portate in tavola.

IL CONSIGLIO

Tra le diverse varietà di pomodoro presenti sul mercato, le più adatte per questa preparazione sono quelle dei cosiddetti pomodori da insalata, in particolare i grossi pomodori "Marmande" e "Supermarmande", il "Meraviglia del mercato" e il "Cuore di bue".

Insalata capricciosa

Ingredienti per 4 persone

- 1 cespo di lattuga
- 100 g di fontina
- 2 uova
- 100 g di prosciutto cotto in 1 fetta sola
- 1 o 2 carote tenere
- olio d'oliva extravergine
- succo di limone
- 1 cucchiaio di senape
- sale e pepe bianco

Difficoltà: Bassa

Preparazione: 15 minuti

Cottura: Nessuna

Vino: Elba Bianco (Toscana)

Erbaluce di Caluso (bianco, Piemonte)

Fate lessare le uova in acqua bollente per 8 minuti, quindi mettetele in acqua fredda per qualche minuto e sgusciatele.

Mondate la lattuga, lavatela, asciugatela delicatamente con un telo e sminuzzatela. Spuntate le carote, pelatele, lavatele e asciugatele.

Tagliate la fontina, il prosciutto e gli albumi sodi a dadini e le carote a julienne e mettete tutto in una insalatiera, insieme alla lattuga.

Sbattete in una ciotolina con una forchetta un poco d'olio e di succo di limone, la senape, sale e pepe fino a ottenere un condimento ben emulsionato.

Condite l'insalata con l'emulsione ottenuta, mescolate con cura e servite.

Insalata di arance tarocco alla siciliana

Ingredienti per 4 persone

- 4 arance tarocco
- 1 cipolla
- 4 cucchiai di olio d'oliva extravergine
- 1/2 limone
- qualche oliva nera infornata
- sale e pepe nero

Difficoltà: Bassissima

Preparazione: 30 minuti

Cottura: Nessuna

Regione: Sicilia

Vino: Regaleali Bianco (Sicilia)

Monferrato Bianco (Piemonte)

Pelate a vivo le arance e tagliatele a fette sottili nel senso della larghezza.

Mettete le fette di arance in un'insalatiera con le olive nere, conditele con l'olio e qualche goccia di limone, insaporitele con un pizzico di sale e una macinata di pepe e mescolate delicatamente.

Lasciate riposare l'insalata per almeno 30 minuti in luogo fresco prima di servirla.

L'ingrediente

Arance tarocco. Il "Tarocco" è la varietà di arance sanguigne più diffusa in Italia. È disponibile sul mercato da metà dicembre a tutto maggio. Nel primo periodo di maturazione è, internamente ed esternamente, di colore arancio. Durante la maturazione assume invece il tipico colore rosso nella buccia e le venature rosso-vino nella polpa. Il suo caratteristico gusto agrodolce e il suo intenso profumo ne fanno l'arancia preferita dai consumatori.

Insalata di scampi e asparagi

Ingredienti per 4 persone

- 16 asparagi
- 400 g di code di scampi
- 1 cespo di insalatina di stagione
- 1/2 costa di sedano
- 4 cucchiai di olio d'oliva extravergine
- 1/2 carota
- 2 cucchiai di succo di limone
- 1/2 cipolla
- 1 foglia di alloro
- sale e pepe

Difficoltà: Bassa

Preparazione: 40 minuti

Cottura: 25 minuti

Vino: Vermentino (bianco, Liguria)

Sannio Bianco (Campania)

Pulite il sedano, spuntate e pelate la carota, sbucciate la cipolla e tagliatela a fette, lavate le verdure e mettetele in un tegame, aggiungete 1 l d'acqua e l'alloro. Portate a ebollizione, salate e pepate e fate bollire per 15 minuti. Aggiungete gli scampi lavati, lessateli per 4 minuti, sgocciolateli, lasciateli raffreddare e sgusciateli.

Mondate gli asparagi, lavateli, staccate le punte, dividete il resto del gambo a rondelle e fateli cuocere al dente a vapore per 5-7 minuti. Sgocciolateli e fate asciugare un poco le rondelle in una padella anti-aderente.

Mondate l'insalata, lavatela e asciugatela, quindi distribuitela su un piatto da portata, adagiatevi sopra le code di scampi e le punte di asparagi e mettetevi al centro le rondelle.

In una ciotolina sbattete con una forchetta, l'olio d'oliva, il succo di limone, sale e pepe. Condite l'insalata con la citronnette e servite.

Insalata di soncino e alici

Ingredienti per 4 persone

- 500 g di alici
- 40 g di soncino
- 20 olive nere
- succo di limone
- olio d'oliva extravergine
- prezzemolo tritato
- sale e pepe bianco

Difficoltà: Bassissima

Preparazione: 20 minuti più 30 minuti di marinatura

Cottura: Nessuna

Vino: Si sconsiglia l'abbinamento enologico

Pulite le alici, eliminate la lisca e la testa, lavatele, asciugatele e mettetele a marinare per 30 minuti in una citronnette ottenuta emulsionando 5 cucchiai di succo di limone con 5 cucchiai di olio, prezzemolo tritato, sale e pepe.

Condite l'insalata in una terrina con un poco di olio e succo di limone e insaporitela con il sale e una macinata di pepe.

Snocciolate le olive e tagliatele in 4 parti.

Distribuite il soncino in piatti individuali, disponetevi sopra le alici e guarnite con le olive.

Definizione

Soncino. Con questo nome in tutto il Norditalia si indica la valerianella (piccoli cespi di insalata a foglie ovali, allungate, carnose e tenere), conosciuta anche con il nome di lattughino, lattughella, dolcetta e gallinella.

INSALATA TIEPIDA DI MARE

Ingredienti per 4 persone

- ✔ 300 g di calamari
- ✔ 200 g di code di gamberi
- ✔ 8 scampi
- ✔ il succo di 1/2 limone
- ✔ 2 fettine di limone
- ✔ 1 spicchio d'aglio
- ✔ 1 mazzetto di prezzemolo
- ✔ 1 dl di olio d'oliva extravergine
- ✔ 1 peperoncino
- ✔ sale e pepe in grani

Difficoltà: Media

Preparazione: 20 minuti

Cottura: 4 minuti

Vino: Prosecco
di Valdobbiadene (bianco, Veneto)

Gioia del Colle Bianco (Puglia)

Pulite i calamari, privandoli della pellicina nera e delle interiora, lavateli e tagliateli ad anelli. Sgusciate le code di gamberi e gli scampi, privateli del filo nero interno e lavateli. Lavate il prezzemolo, tenetene da parte 2 ciuffi e tritate quello rimasto; tritate il peperoncino.

Fate cuocere i calamari, gli scampi e i gamberi per 3-4 minuti in acqua bollente con le fettine di limone, i ciuffi di prezzemolo interi, 2 grani di pepe e sale. In una ciotolina sbattete con una forchetta il succo di limone, un pizzico di sale, l'aglio, sbucciato e finemente tritato, il peperoncino e il prezzemolo tritati e l'olio, fino a ottenere una salsa ben emulsionata.

Sgocciolate i calamari, i gamberi e gli scampi, distribuiteli con eleganza su un piatto da portata e irroratelo con la salsa appena preparata. Lasciate intiepidire l'insalata di mare e servite in tavola.

1 *Pulite con cura i calamari, quindi separate i tentacoli dalle sacche e tagliate queste ultime ad anelli.*

2 *Sgusciate gli scampi e le code di gambero, eliminate il filo nero interno e lavateli.*

3 *Emulsionate in una ciotolina il condimento con una forchetta e conditevi l'insalata.*

Ingredienti per 4 persone

- 600 g di sarde
- 50 g di pinoli
- 50 g di uva passa
- 2 grosse cipolle
- 4 dl di aceto di vino rosso
- 2 cucchiai di farina 00
- 3 cucchiai di olio d'oliva extravergine
- abbondante olio per friggere

Difficoltà: Media

Preparazione: 30 minuti più 24 ore di marinatura

Cottura: 20 minuti

Regione: Veneto

Vino: Alto Adige Traminer Aromatico (bianco, Trentino-Alto Adige)

Veneto Chardonnay Vendemmia Tardiva (bianco, Veneto)

Sarde in saor

Mettete l'uvetta a bagno in acqua tiepida per 15 minuti. Nel frattempo, squamate le sarde, evisceratele, privatele della testa e sciacquatele sotto l'acqua corrente, quindi sgocciolatele e infarinatele.

Fate friggere le sarde in abbondante olio caldo, sgocciolatele e posatele su carta da cucina.

Sbucciate e tritate le due cipolle e soffriggetele in un tegame con l'olio d'oliva extravergine, a fuoco dolce; unite l'aceto e lasciate bollire fino a quando le cipolle saranno diventate morbide, ma non siano ancora disfatte.

Disponete le sarde a strati in una terrina di vetro, bagnando ogni strato con parte dell'aceto caldo e coprendo con le cipolle, i pinoli e l'uvetta strizzata.

Versate sulla preparazione l'aceto che è rimasto, coprite e lasciate marinare in luogo fresco e asciutto per un giorno o due.

1 *Pulite le sarde, privandole anche della pinna dorsale, posta a metà del corpo.*

2 *Asciugate bene i pesciolini con carta da cucina, quindi passateli nella farina.*

3 *Fate dorare le sarde in olio ben caldo. Giratele più volte e scolatele bene.*

Tartara di zucchine e asparagi

Ingredienti per 4 persone

- ✔ 200 g di zucchine
- ✔ 1 mazzetto di asparagi
- ✔ 2 cucchiai di aceto di vino bianco
- ✔ 4 cucchiai di olio d'oliva extravergine
- ✔ qualche stelo di erba cipollina
- ✔ sale e pepe

Difficoltà: Bassa

Preparazione: 20 minuti

Cottura: 2 minuti

Vino: Collio Pinot Bianco (Friuli-Venezia Giulia)

Orvieto (bianco, Umbria)

Emulsionate in una ciotolina con una forchetta l'aceto con un pizzico di sale, una macinata di pepe e l'olio extravergine d'oliva.

Spuntate le zucchine, lavatele, asciugatele, dividetele a metà nel senso della lunghezza, svuotatele della parte centrale con i semini e riducetele a dadini.

Pareggiate gli asparagi privandoli della parte terminale più dura del gambo, pelateli con un pelapatate ad archetto, lavateli bene e riduceteli a dadini.

Scottate i dadini di verdura per 2 minuti in acqua bollente salata, metteteli a sgocciolare su un telo e lasciateli raffreddare.

Trasferite tutte le verdure in una terrina, conditele con la salsa preparata e con l'erba cipollina tagliuzzata, distribuitele in 4 ciotoline, capovolgete ogni tartara in un piatto e servite in tavola.

La variante

Per una preparazione più ricca, aggiungete alle zucchine e agli asparagi 1/2 finocchio, 1 carota e 1 rapa piccola, mondateli, tagliateli a dadini e scottateli per 2 minuti con gli asparagi e le zucchine in acqua bollente salata. A piacere, potete aggiungere al condimento 1 cucchiaio di senape di Digione, facendola sciogliere nell'aceto con il sale prima di unire olio e pepe.

AS

ASPIC, TERRINE, MOUSSE E PÂTÉ

GLI ANTIPASTI IN FORMA

Aspic, terrine, bavaresi, budini, pâté, mousse e soufflé sono tutte preparazioni che prevedono l'utilizzo di uno stampo. Di grande impatto visivo, sono in assoluto i più raffinati tra gli antipasti, oltre che tra i più impegnativi da preparare.

IL CONSIGLIO

Quando preparate un aspic, non c'è limite alla fantasia: unica regola da osservare è che l'abbinamento degli ingredienti risulti armonico per quanto concerne i sapori e l'accostamento dei colori.

ASPIC

Gli aspic sono preparazioni in genere composte di verdure miste lessate, raffreddate, disposte a strati in uno stampo e ricoperte di gelatina. Alle verdure si possono unire pezzetti di pesce bollito o di petto di pollo lessato, dadini di prosciutto cotto, fettine di uovo sodo, lingua salmistrata e tanti altri ingredienti.

Il procedimento con cui si realizzano gli aspic si articola in diverse fasi. Innanzitutto si mette in frigorifero lo stampo vuoto, quindi si prepara una gelatina di carni bianche (pollo, tacchino, ecc.); dopo averla fatta leggermente raffreddare, se ne versa un po', prima che si sia completamente rappresa, nello stampo freddo, facendolo ruotare affinché si distribuisca uniformemente lungo le pareti, dopodiché si rimette lo stampo in frigo.

A questo punto si applicano sulle pareti gli elementi della decorazione, che possono essere rondelle di carote lessate, fogioline di prezzemolo, fette di cetriolino, rondelle di olive snocciolate ecc.

Si aggiungono poi le verdure e gli ingredienti scelti, posizionandoli a strati, inframmezzati da strati di gelatina, terminando con uno strato di gelatina e si pone la preparazione a rassodare

1 *Lessate le verdure e tagliatele a striscioline, a listarelle oppure a losanghe.*

2 *Versate la gelatina e gli ingredienti a strati fino a riempire lo stampo, poi mettetelo in frigorifero.*

3 *Terminate coprendo con la gelatina rimasta e mettete in frigorifero facendo riposare per 2 ore.*

in frigorifero per circa 2-3 ore.
Al momento di sformare un aspic, si immerge molto rapidamente lo stampo in un recipiente con acqua bollente, quindi lo si capovolge su un piatto da portata.

BAVARESI E BUDINI

Le bavaresi sono preparazioni fredde dalla consistenza leggera, analoga a quella del budino, generalmente dolci, ma sempre più utilizzate anche nella loro variante salata. Di facile e veloce esecuzione le bavaresi hanno per base un purè (di solito di verdure), uova, latte e un legante (colla di pesce, fogli di gelatina) destinato a conferire consistenza al composto, che verrà poi versato nell'apposito stampo munito di un "tubo" centrale.
Con il termine "budino" ci si riferisce, invece, quasi sempre a una preparazione dolce o salata, costituita da un composto di verdure e uova sbattute, cotto in stampi di forma tronco-conica.

COME SI SFORMA UN ASPIC

1 *Immergete lo stampo dell'aspic per qualche istante in una teglia riempita con acqua bollente.*

2 *Estraete lo stampo dalla teglia e capovolgetelo delicatamente.*

3 *Sformate l'aspic su un piatto da portata e servite.*

ATTREZZATURA

1 Stampo per bavaresi e budini
2 Terrina in ceramica con coperchio per pâté e terrine
3 Stampo in alluminio per aspic, terrine e pâté
4 Stampini in ceramica per soufflé e mousse
5 Stampino liscio in metallo per tortini
6 Stampini in metallo scanalati per mini aspic e bavaresi
7 Terrina in porcellana per mousse e terrine

SOUFFLÉ

Come indica il suo stesso nome, che letteralmente in francese significa "soffiato", i soufflé sono preparazioni, salate o dolci, che cuocendo si gonfiano.

Elemento fondamentale dei soufflé è l'albume che, montato a neve, ingloba piccolissime particelle d'aria che ne fanno aumentare il volume, rendendolo soffice e vellutato, e che, al calore del forno, si espandono facendo gonfiare la preparazione.

Per evitare che i soufflé si sgonfino è importante che vengano posti in forno rapidamente, che il forno sia sempre preriscaldato a 220 °C e poi tenuto a calore medio (160-180 °C) e che non venga mai aperto durante la cottura. La preparazione deve essere servita appena estratta dal forno, ossia quando è diventata il doppio del volume originario e risulta dorata e croccante in superficie.

Gli stampi devono essere sempre rotondi, con le pareti alte e lisce e di materiale che possa passare direttamente dal forno alla tavola, e vanno imburrati e infarinati prima di venire riempiti con il composto.

IL CONSIGLIO

Gli albumi montati a neve soda sono una fase importante nella preparazione del soufflé. Poiché le uova devono essere a temperatura ambiente, toglietele dal frigorifero almeno 1 ora prima di utilizzarle. Gli albumi non devono avere tracce di tuorlo e il recipiente e la frusta devono essere pulitissimi. è, inoltre, molto importante non riempire lo stampo del soufflé oltre i 2/3, altrimenti si rischia che il composto, raddoppiando di volume nel corso della cottura, debordi in modo eccessivo dallo stampo.

SOUFFLÉ: PREPARAZIONE

1 *Una volta fatto raffreddare il composto di base (di solito una besciamella), unite i tuorli mescolando con una frusta.*

2 *Incorporate gli albumi montati a neve, mescolandoli con movimenti regolari dal basso verso l'alto.*

3 *Versate il composto nello stampo imburrato e infarinato, passate in forno già caldo a 180 °C per circa 35-40 minuti.*

IL CONSIGLIO

È molto importante che il composto di una terrina sia abbastanza umido, per non rischiare che la preparazione a fine cottura risulti troppo dura: se fosse necessario, ammorbidite l'impasto con latte o brodo.

TERRINE

Nate come preparazioni di recupero, ma oggi riscoperte e portate ai vertici della raffinatezza gastronomica, le terrine sono preparazioni di carne, pesce o verdura che prendono il nome dal recipiente che le contiene. Gli ingredienti, tagliati a listarelle o a dadini e mescolati ad altri ingredienti aromatizzati, vengono disposti a strati nel recipiente (di terracotta, porcellana o terraglia e di forma ovale, rotonda o rettangolare) secondo un ordine che produca un bell'effetto visivo al taglio. La terrina viene poi cotta al forno a bagnomaria e servita fredda a distanza di qualche ora o, se conservata in frigorifero, di qualche giorno.

PÂTÉ

Secondo la cucina classica, i pâté sono preparazioni costituite da un involucro di pasta (brisée, frolla o sfoglia) farcito di carne, soprattutto selvaggina, pesce o verdure.
Oggi, altrettanto comuni sono, però, quelli non in crosta, spesso avvolti da uno strato di gelatina: entrambi i tipi di pâté si servono tagliati a fette piuttosto spesse. I pâté in crosta si cuociono in forno in stampi metallici rettangolari, gli altri in stampi di forma diversa, anche individuali, in terracotta, porcellana o vetro; i pâté senza crosta possono anche non prevedere la cottura. Impropriamente nell'uso comune si definiscono inoltre pâté anche altre preparazioni spalmabili meno elaborate come, per esempio, il pâté di fave.

MOUSSE

Le mousse sono composti soffici e schiumosi, a base di ingredienti diversi (salati o dolci), tra cui è quasi sempre presente la panna montata. Le mousse si possono servire calde o fredde. Quelle calde si portano in tavola direttamente nello stampo; quelle fredde si tengono in frigorifero a solidificare per qualche ora e poi si sformano su un piatto da portata.

IL CONSIGLIO

Quando si prepara un pâté in crosta è molto importante praticare sulla superficie 2-3 fori, in modo da fare fuoriuscire il vapore. Il vapore che si forma all'interno della crosta durante la cottura bagnerebbe altrimenti la pasta rendendola molliccia.

PÂTÉ SENZA CROSTA: PREPARAZIONE

1 *Imburrate bene lo stampo, o, meglio ancora, foderatelo con carta da forno o di alluminio.*

2 *Preparate il composto del pâté e aggiungetevi la gelatina sciolta, che servirà ad addensarlo.*

3 *Una volta riempito lo stampo, è consigliabile sbatterlo 2-3 volte sul piano di lavoro, in modo da assestare bene il composto ed eliminare le eventuali bolle d'aria.*

4 *Livellate il composto aiutandovi con una spatola, quindi riponete lo stampo in frigorifero e lasciatelo riposare il tempo sufficiente a far rassodare il composto perfettamente (in genere si calcolano almeno 2 ore). Sformate il pâté e servitelo su un piatto tagliato a fette.*

IL CONSIGLIO

La gelatina può essere utilizzata anche come elemento decorativo per guarnire piatti freddi: in questo caso va versata ancora liquida in un vassoio, in modo che formi uno strato di 0,5 cm circa e, quando è ben compatta e solida, va tagliata a cubetti regolari oppure tritata grossolanamente. Per colorarla aggiungete, durante la preparazione della stessa, succo di carota o di barbabietola.

LA GELATINA

Alcune delle preparazioni qui trattate, come aspic, terrine e pâté, prevedono l'uso della gelatina.

La gelatina può essere di origine animale, ottenuta cioè dal collagene che si trova nelle carni, nelle cartilagini e nella cotenna di maiale o utilizzando la colla di pesce estratta dalla vescica natatoria di alcuni pesci; oppure di origine vegetale, ricavata lavorando i frutti (mele cotogne, lamponi, mirtilli) ricchi di pectina. Quella animale viene utilizzata soprattutto per la preparazione di piatti, come aspic, pâté, sformati freddi e per abbellire tartine e canapé, mentre quella vegetale per coprire pasticcini e torte.

La gelatina rapida

In commercio esistono più tipi di gelatina rapida: da quella in tavolette a quella in polvere oppure in fogli. Le prime due si usano per gli aspic a base di carne o di verdure e basta scioglierle in acqua (brodo di carne, pollo o verdure) secondo le dosi indicate sulla confezione. La gelatina in fogli si usa generalmente per le preparazioni a base di pesce e per quelle dolci: i fogli vanno lasciati a bagno per qualche minuto in acqua fredda, quindi scolati, strizzati e fatti sciogliere, lontani dal fuoco, in un liquido caldo che va poi filtrato e fatto intiepidire.

La gelatina fatta in casa

A differenza della gelatina rapida, la gelatina fatta in casa con carni, ossa e verdure richiede lunghe ore di cottura, ma dà risultati di gusto migliori.

Gelatina di carne

Punto di partenza è un brodo ottenuto lessando, oltre alla carne, le parti cartilaginose (piedini, ginocchi, testina o, se di pollo, ali, colli, zampe – in mancanza di questi si può usare la colla di pesce). Il brodo va poi sgrassato, filtrato una prima volta al setaccio e poi chiarificato, mettendolo a freddo in una pentola con 1 albume per ogni litro di brodo. Si porta quindi il brodo a ebollizione, sbattendolo con una frusta finché si sarà formato un denso strato di schiuma in superficie. Lo si fa allora sobbollire per circa 1 ora, schiumandolo di tanto in tanto.

A cottura ultimata, per renderlo limpido, lo si filtra 2 volte in un setaccio foderato con un telo doppio

e bagnato o in un colino cinese. A piacere, dopo la chiarificazione, lo si può aromatizzare con Porto o Marsala.

Gelatina di pesce

Il procedimento è analogo a quello appena descritto, solo che al posto del brodo di carne si utilizza un fumetto di pesce, cioè un brodo preparato con teste e lische di pesci ricchi di collagene (sogliola, rombo, coda di rospo, San Pietro). Il fumetto può essere aromatizzato con dragoncello o spezie (pepe bianco, senape, ginepro) in cottura o con Marsala o Sherry a chiarificazione avvenuta.

GELATINA RAPIDA: PREPARAZIONE

1 Per 1 l di gelatina. Prendete una scodella, riempitela per metà di acqua fredda e passatevi 15 fogli di colla di pesce. Fateli ammorbidire per 15 minuti.

2 Mettete i fogli di colla di pesce in una casseruola con 1 l di acqua fredda, 4 grani di pepe, un pizzico di sale, 1 cucchiaino di estratto di carne e sbattete il tutto portando a lenta ebollizione. Coprite e lasciate sobbollire per 5 minuti, diminuendo al minimo il calore.

3 Filtrate la gelatina ottenuta attraverso un setaccio a maglie molto fini. A questo punto, lasciatela intiepidire a temperatura ambiente.

4 Amalgamate 2 cucchiai di Marsala e mescolate bene, filtrate e versate in uno stampo. Mettetelo in frigorifero e fate rassodare per 3 ore. Questa gelatina può essere preparata anche il giorno prima. Per una preparazione più veloce potete utilizzare, anziché i fogli di colla di pesce, le tavolette o la gelatina in polvere.

Aspic con pollo, lingua salmistrata e prosciutto

Ingredienti per 4 persone

- ✔ 2 petti di pollo lessati freddi
- ✔ 1 fetta da 100 g di lingua salmistrata
- ✔ 1 fetta da 100 g di prosciutto cotto senza grasso
- ✔ 1 bustina di preparato per 5 dl di gelatina
- ✔ abbondante prezzemolo
- ✔ foglie di lattuga e insalata russa

Difficoltà: Media

Preparazione: 1 ora più 1 ora di raffreddamento

Cottura: 10 minuti

Vino: Cirò Rosato (Calabria)

Trentino Lagrein Rosato (Trentino-Alto Adige)

Scaldate in un recipiente 2,5 dl di acqua; appena inizia a bollire versatevi il preparato per gelatina, fatelo sciogliere completamente, quindi togliete dal fuoco, aggiungete ancora 2,5 dl di acqua fredda e lasciate raffreddare. Nel frattempo, lavate il prezzemolo, asciugatelo, tritatelo e aggiungetelo alla gelatina ancora fluida. Versate uno strato leggero di gelatina in uno stampo e mettetelo in frigorifero.

Tagliate a listarelle i petti di pollo, la lingua e il prosciutto. Disponete uno di questi tre ingredienti sulla gelatina rappresa nello stampo; versate altra gelatina, mettete lo stampo in frigorifero, poi continuate allo stesso modo alternando gli ingredienti fino a esaurimento degli stessi, mettendo ogni volta in frigorifero lo stampo perché la gelatina si rassodi.

Terminate con uno strato di gelatina e tenete la preparazione in frigorifero per almeno 1 ora prima di sformare l'aspic e servite in tavola.

Aspic con uova sode, tonno, ricotta e olive

Ingredienti per 4 persone

- ✔ 1 bustina di preparato per 2,5 dl di gelatina
- ✔ 1 cucchiaio di succo di limone
- ✔ 150 g di ricotta
- ✔ 100 g di tonno al naturale
- ✔ 10 g di cipolla
- ✔ 40 g di olive verdi farcite
- ✔ 4 uova sode

Difficoltà: Media

Preparazione: 40 minuti più 3 ore di raffreddamento

Cottura: 10 minuti

Vino: Trebbiano di Romagna (bianco, Emilia-Romagna)

Sannio Falanghina (bianco, Campania)

Tagliate le uova sode a spicchi e amalgamate in una terrina la ricotta con il tonno, sgocciolato e sbriciolato, e la cipolla, finemente tritata.

Preparate la gelatina seguendo le istruzioni che sono riportate sulla confezione e mescolatela con il succo di limone. Versate un poco di gelatina sul fondo di uno stampo, lasciatela rassodare in frigorifero e adagiatevi sopra le olive, quindi il composto di ricotta e per finire le uova sode. Completate tutto con altra gelatina e mettete in frigorifero per 3 ore a rassodare.

Al momento di servire in tavola, immergete per un attimo lo stampo in acqua calda, capovolgetelo su un piatto da portata e guarnite con foglie di insalata.

Il consiglio

Per evitare di rompere l'aspic al momento del taglio, utilizzate un coltello elettrico: in questo modo le fette risulteranno integre e regolari.

ASPIC
DI VERDURE MISTE

INGREDIENTI PER 4 PERSONE

- ✔ 2 carote pulite
- ✔ 200 g di fagiolini puliti
- ✔ 2 zucchine di dimensioni medie pulite
- ✔ 1 peperone rosso pulito
- ✔ 5 dl di gelatina
- ✔ 1 cucchiaio di aceto
- ✔ sale

DIFFICOLTÀ: Media

PREPARAZIONE: 1 ora più 2 ore di raffreddamento

COTTURA: 20 minuti

VINO: Blanc de Morgex et de La Salle (bianco, Valle d'Aosta)

Contessa Entellina Chardonnay (bianco, Sicilia)

Tagliate a julienne le verdure (ricavate anche qualche rondella, per guarnire).

Lessatele al dente in acqua leggermente salata, sgocciolatele e fatele raffreddare.

Preparate la gelatina seguendo le istruzioni riportate sulla confezione; toglietela dal fuoco, unitevi l'aceto e lasciatela raffreddare senza che si rapprenda.

Versate in uno stampo un poco di gelatina e riponetelo in frigorifero finché si sarà rappresa. Quindi disponetevi le rondelle di verdura, coprite con 1 cucchiaio di gelatina e ponete di nuovo in frigorifero.

Proseguite alternando verdure a julienne e gelatina fino a esaurimento degli ingredienti, terminando con la gelatina. Fate rassodare in frigo per almeno 2 ore prima di servire.

INGREDIENTI PER 4 PERSONE

- ✔ 500 g di asparagi
- ✔ 0,5 dl di latte intero
- ✔ 3 tuorli
- ✔ 2 dl di panna
- ✔ 15 g di colla di pesce
- ✔ 100 g di yogurt intero
- ✔ 2 cucchiai di olio d'oliva extravergine
- ✔ 1 cucchiaio di succo di limone
- ✔ sale e pepe

DIFFICOLTÀ: Elevata

PREPARAZIONE: 30 minuti più 2 ore di raffreddamento

COTTURA: 20 minuti

VINO: Fiano di Avellino (bianco, Campania)

Trentino Nosiola (bianco, Trentino-Alto Adige)

BAVARESE DI ASPARAGI

Fate ammorbidire i fogli di colla di pesce in acqua fredda.

Mondate gli asparagi, pelateli, lavateli e fateli cuocere a vapore per 8-10 minuti. Tenete da parte qualche punta e passate le altre al mixer e poi al passaverdure.

Lavorate in una terrina i tuorli d'uovo e unitevi a filo il latte caldo; portate il composto quasi a ebollizione in un tegame, mescolando, poi unitevi la colla di pesce sgocciolata e strizzata.

Versate il composto in una terrina, fatelo raffreddare e quindi unitevi gli asparagi passati.

Incorporatevi 2,5 dl di panna montata, versate il preparato in uno stampo inumidito e ponete in frigorifero a rassodare per almeno 2 ore.

Nel frattempo, frullate lo yogurt con la panna rimasta, l'olio, sale e pepe e incorporate il succo di limone.

Sformate la bavarese su un piatto da portata, decoratela con le punte di asparagi e servite con la salsa con lo yogurt e panna.

1 Pareggiate gli asparagi e pelate il gambo con un pelapatate ad archetto.

2 Unite a filo il latte caldo ai tuorli in una ciotolina, mescolando continuamente con una frusta.

3 Frullate lo yogurt con la panna, 2 cucchiai di olio d'oliva, sale e pepe quindi unitevi il succo di limone.

MINI SOUFFLÉ DI FORMAGGIO

INGREDIENTI PER 4 PERSONE

- 150 g di fontina
- 3 uova
- pangrattato
- 50 g di farina 00
- 50 g di burro
- 5 dl di latte
- sale

DIFFICOLTÀ: Media

PREPARAZIONE: 20 minuti

COTTURA: 50 minuti

VINO: Lambrusco di Sorbara (rosso, Emilia-Romagna)

Grignolino del Monferrato Casalese (rosso, Piemonte)

Preparate una besciamella morbida e liscia con la farina, il burro e il latte. Unitevi la fontina tagliata a listarelle e amalgamate l'impasto scaldandolo a bagnomaria. Quando sarà ben omogeneo salate poco e lasciate raffreddare.

Incorporate all'impasto, 1 alla volta, i tuorli, e poi gli albumi, montati a neve ben ferma. Versate il composto in 4 stampini individuali imburrati e spolverizzati con il pangrattato.

Fate cuocere i soufflé nel forno già caldo a 170 °C per circa mezz'ora. Servite subito in tavola.

LA VARIANTE

Aggiungete al composto, prima di incorporarvi gli albumi montati a neve, 10 gherigli di noce ben spellati e finemente tritati. Servite quindi il soufflé irrorandolo con un filo di miele (meglio se di castagno) e spolverizzandolo con qualche gheriglio di noce sbriciolato.

MINI SOUFFLÉ DI GRANCHIO

INGREDIENTI PER 4 PERSONE

- 400 g di polpa di granchio al naturale
- 2 dl di panna
- 6 uova
- la scorza di 2 limoni non trattati
- 10 g di erba limoncina
- noce moscata
- burro per gli stampini
- sale e pepe

DIFFICOLTÀ: Media

PREPARAZIONE: 20 minuti

COTTURA: 30 minuti

VINO: Terre di Franciacorta Bianco (Lombardia)

Pomino Bianco (Toscana)

Tritate la scorza del limone insieme con l'erba limoncina, lavata e asciugata delicatamente con carta da cucina.

Strizzate la polpa di granchio e mettetela in una terrina.

In una ciotola sbattete le uova con una forchetta, unitevi il trito di scorza di limone ed erba limoncina, una grattata di noce moscata e insaporite con un pizzico di sale e una macinata di pepe.

Unite la panna e la polpa di granchio e mescolate con un cucchiaio di legno per amalgamare bene il tutto.

Imburrate 4 stampini, quindi versatevi il composto preparato. Fate cuocere i mini soufflé a bagnomaria per mezz'ora nel forno già caldo a 180 °C.

Toglieteli dal forno e serviteli immediatamente.

MINI SOUFFLÉ DI POMODORI

INGREDIENTI PER 4 PERSONE

- 800 g di pomodori
- 50 g di farina 00
- 50 g di burro
- 2 uova
- zucchero
- 2,5 dl di latte
- sale e pepe

Sbollentate i pomodori, privateli della pelle e passateli al passaverdure.

Versate il passato in una casseruola, unite il latte e l'acqua necessaria per ottenere 5 dl complessivi di liquido, salate poco, pepate, unite un pizzico di zucchero e portate a ebollizione.

Fate sciogliere il burro con la farina e, lontano dal fuoco, incorporatelo al passato di pomodoro, mescolando.

Rimettete il composto sul fuoco e riportate a ebollizione. Togliete dal fuoco, fate intiepidire e incorporatevi i tuorli, 1 alla volta, e poi gli albumi, montati a neve ben ferma.

Versate il composto in 4 stampini individuali, imburrati e infarinati, e fate cuocere nel forno già caldo a 180 °C per mezz'ora circa. Sformate i soufflé su un piatto da portata e servite subito in tavola.

DIFFICOLTÀ: Media

PREPARAZIONE: 20 minuti

COTTURA: 50 minuti

VINO: Frascati (bianco, Lazio)

Val di Cornia Bianco (Toscana)

MINI SOUFFLÉ DI RADICCHIO

INGREDIENTI PER 4 PERSONE

- 400 g di radicchio rosso di Treviso
- 150 g di prosciutto cotto
- 120 g di burro
- 4 dl di latte caldo
- 50 g di farina 00
- cannella in polvere
- 3 uova
- sale e pepe

Preparate una besciamella, facendo sciogliere 80 g di burro a fuoco lento in una casseruola e aggiungendo poco per volta la farina. Mescolate per bene con una frusta per evitare che si formino dei grumi e cuocete per qualche minuto badando che non si scurisca, poi versate il latte caldo continuando a mescolare finché la besciamella apparirà liscia e densa.

Mondate il radicchio, lavatelo e sbollentatelo in acqua salata per 2 minuti, poi sgocciolatelo e passatelo al mixer insieme con il prosciutto e il burro rimasto.

Mettete il composto in una terrina, versatevi la besciamella calda e insaporite con una presa di cannella, un pizzico di sale e una macinata di pepe. Mescolate bene il tutto, aggiungete i tuorli, 1 alla volta, e poi gli albumi montati a neve. Versate in stampini individuali precedentemente imburrati e cuocete a bagnomaria nel forno già caldo a 180 °C per mezz'ora.

DIFFICOLTÀ: Media

PREPARAZIONE: 20 minuti

COTTURA: 50 minuti

VINO: Colli Pesaresi Sangiovese (rosso, Marche)

Breganze Rosso (Veneto)

Mini soufflé di spinaci

Ingredienti per 4 persone

- ✔ 700 g di spinaci
- ✔ 80 g di burro
- ✔ 50 g di parmigiano grattugiato
- ✔ 3 uova
- ✔ 30 g di pangrattato
- ✔ burro
- ✔ sale

Difficoltà: Media

Preparazione: 20 minuti

Cottura: 40 minuti

Vino: Collio Chardonnay (bianco, Friuli-Venezia Giulia)

Frascati Superiore (bianco, Lazio)

Mondate gli spinaci, lavateli accuratamente, sgocciolateli e fateli lessare, senza aggiungere acqua, in un recipiente coperto. Sgocciolateli, strizzateli e tritateli.

Fate sciogliere a fuoco basso 50 g di burro in un tegame, unite il parmigiano grattugiato, i tuorli, 1 per volta, e infine gli spinaci. Regolate di sale e mescolate fino a ottenere un composto omogeneo.

Togliete il tegame dal fuoco e incorporate delicatamente al composto preparato gli albumi, precedentemente montati a neve ben ferma in una terrina pulita e asciutta, dai bordi arrotondati.

Imburrate 4 stampini individuali, cospargeteli di pangrattato e distribuitevi, in parti uguali, il composto di spinaci.

Distribuite sulla superficie dei soufflé il burro rimasto a fiocchetti e cuocete nel forno già caldo a 180 °C per 15-20 minuti.

Servite subito.

1 *Aggiungete gli spinaci tritati e ben strizzati al composto di tuorli e parmigiano.*

2 *Con movimento delicato e regolare incorporate al composto gli albumi montati a neve ben ferma.*

3 *Versate il composto di spinaci negli stampini riempendoli a non più di due terzi.*

Mousse di prosciutto cotto

Ingredienti per 4 persone

- ✔ 300 g di prosciutto cotto magro e senza nervature
- ✔ 80 g di robiola
- ✔ 80 g di panna
- ✔ 2 cucchiai di Porto
- ✔ 6 olive verdi denocciolate

Tritate grossolanamente il prosciutto cotto, prendetene 3 cucchiai e metteteli nella vaschetta del mixer aggiungendo la panna, la robiola e i 2 cucchiai di Porto.

Frullate e unite altro prosciutto, quindi frullate ancora e aggiungete altro prosciutto. Ripetete il procedimento fino ad esaurimento del prosciutto. Quando avrete ottenuto un composto molto omogeneo, versatelo in 4 stampini, schiacciandolo bene per evitare che si formino dei vuoti all'interno, quindi mettete a riposare le mousse in frigorifero per 4-6 ore. Al momento di servire, capovolgete gli stampini su un piatto da portata e decorate con le olive tagliate a spicchi.

La variante

Per una mousse di prosciutto crudo, fate ammollare 2 fogli di colla di pesce in acqua fredda, quindi strizzatela e fatela sciogliere in 10 cucchiai di acqua fredda in un pentolino a fuoco basso. Tagliate a pezzetti 200 g di prosciutto crudo e passateli al mixer. Raccoglieteli in una terrina, unitevi la colla di pesce, 1 cucchiaio di ketchup, 1 cucchiaino di senape, 1 cucchiaio di capperi, mescolate e incorporate al composto 2 dl di panna montata. Passate il tutto al setaccio raccogliendolo in uno stampo bagnato con acqua fredda e riponetelo in frigo per qualche ora. Al momento di servire, sformate la mousse su un piatto da portata.

Difficoltà: Bassa

Preparazione: 30 minuti più 4-6 ore di raffreddamento

Cottura: Nessuna

Vino: Langhe Chardonnay (bianco, Piemonte)

Pâté di salmone in crosta

Ingredienti per 4 persone

- ✔ 600 g di pasta brisée
- ✔ 1 kg di salmone
- ✔ 150 g di farina 00
- ✔ 3 dl di latte
- ✔ 50 g di burro sciolto
- ✔ 2 uova e 2 tuorli
- ✔ noce moscata
- ✔ sale e pepe

Difficoltà: Elevata

Preparazione: 40 minuti più 1 ora di riposo

Cottura: 45 minuti

Vino: Alto Adige Riesling (bianco, Trentino-Alto Adige)

Vernaccia di San Gimignano (bianco, Toscana)

Sfilettate il salmone e tritate finemente la polpa rimasta. Mettete la farina in una terrina e unitevi a filo il latte freddo, mescolando fino a ottenere un composto omogeneo. Incorporate il burro, sale, pepe, noce moscata e 1 uovo e versate in un tegame.

Fate addensare il composto su fuoco moderato, mescolando, e fatelo raffreddare. Unite la polpa di pesce tritata e lavorate fino a ottenere un composto omogeneo; aggiungete l'uovo rimasto e 1 tuorlo, regolate di sale e pepe e fate riposare per 1 ora.

Foderate uno stampo imburrato con 2/3 della pasta stesa facendola sporgere di 2 cm. Spennellate con 1 tuorlo sbattuto e versatevi metà del composto di pesce. Sistematevi sopra i filetti di salmone, salate, pepate e coprite con il composto. Livellate, ripiegate i bordi di pasta all'interno, coprite con il resto della pasta stesa, e bucherellatela.

Fate cuocere nel forno già caldo a 180 °C per 40-45 minuti, lasciate raffreddare, sformate e servite il pâté tagliato a fette.

Pâté di sogliola e pistacchi

Ingredienti per 4 persone

- ✔ 300 g di filetti di sogliola
- ✔ 200 g di salmone affumicato a fettine
- ✔ 300 g di panna
- ✔ 60 g di pistacchi sbucciati e pelati
- ✔ 2 albumi
- ✔ 1 ciuffo di crescione
- ✔ paprica
- ✔ burro per lo stampo
- ✔ sale

Difficoltà: Media

Preparazione: 20 minuti

Cottura: 30 minuti

Vino: Collio Sauvignon (bianco, Friuli-Venezia Giulia)

Monreale Pinot Bianco (Sicilia)

Tritate grossolanamente i filetti di sogliola, metteteli in una terrina e incorporatevi poco per volta gli albumi montati a neve. Salate e insaporite con un pizzico di paprica.

Riempite una ciotola grande di ghiaccio e appoggiatevi sopra la terrina con il composto. Lavoratelo con un frullino elettrico aggiungendo la panna, quindi unite i pistacchi e il crescione tritati.

Imburrate uno stampo e foderatelo con il salmone lasciandolo debordare. Versate il composto, livellatelo e ripiegatevi sopra il salmone.

Cuocete a bagnomaria per almeno una mezz'ora nel forno già caldo a 190 °C. Sformate e servite a piacere con fette di pancarré tostate nel forno.

L'ingrediente

Pistacchio. Seme di origini orientali che attualmente viene coltivato lungo tutte le coste del Mediterraneo. I suoi semi sono di forma allungata, di colore verde e hanno un caratteristico sapore dolce amaro.

PÂTÉ DI VITELLO E PROSCIUTTO

INGREDIENTI PER 4 PERSONE

- ✔ 400 g di farina 00
- ✔ 150 g di burro
- ✔ 3 uova e 1 tuorlo
- ✔ 300 g di filetto di vitello
- ✔ 400 g di prosciutto cotto
- ✔ 2 dl di Brandy
- ✔ 250 g di polpa di maiale
- ✔ 250 g di polpa di vitello
- ✔ 70 g di lardo
- ✔ timo
- ✔ sale e pepe

DIFFICOLTÀ: Elevata

PREPARAZIONE: 40 minuti più 3 ore di riposo

COTTURA: 40 minuti

VINO: Bolgheri Rosato (Toscana)

Sannio Rosato (Campania)

Lavorate la farina con il burro e un pizzico di sale, quindi incorporatevi 2 uova sbattute con 2 cucchiai di acqua fredda. Lasciate riposare l'impasto per 3 ore in frigorifero.

Tagliate a listarelle il filetto di vitello e il prosciutto, raccoglietele in una terrina e irroratele con 1 dl di Brandy. In una terrina impastate la polpa di maiale, la polpa di vitello e il lardo, tritati, con l'uovo e il Brandy rimasti, un pizzico di sale e di pepe e una presa di timo tritato.

Stendete la pasta in una sfoglia rettangolare e, con 2/3 della sfoglia, foderate uno stampo da plum-cake, quindi versatevi il composto di carne alternandolo con listarelle di filetto e di prosciutto.

Chiudete il pâté con la sfoglia di pasta rimasta, formando un bordo tutt'attorno.

Spennellate la superficie del pâté con il tuorlo sbattuto, quindi mettetelo a cuocere nel forno già caldo a 180 °C per circa 40 minuti.

PÂTÉ VEGETARIANO AI FUNGHI

INGREDIENTI PER 4 PERSONE

- ✔ 200 g di fagioli (cannellini o borlotti) già lessati
- ✔ 500 g di cipolla
- ✔ 50 g di funghi champignon
- ✔ 50 g di patate
- ✔ 50 g di zucchine
- ✔ 4 cucchiai di olio d'oliva extravergine
- ✔ qualche stelo di erba cipollina
- ✔ sale e pepe

DIFFICOLTÀ: Bassa

PREPARAZIONE: 15 minuti più 2 ore di raffreddamento

COTTURA: 40 minuti

VINO: Colli Tortonesi Cortese (bianco, Piemonte)

Locorotondo (bianco, Puglia)

Sbucciate la cipolla, affettatela e poi fatela soffriggere in un tegame con 1 cucchiaio di olio.

Pelate, lavate e asciugate le patate, tagliatele quindi a dadini e uniteli nel tegame in cui avete fatto soffriggere la cipolla; copriteli appena d'acqua e fate cuocere per 15-20 minuti finché saranno morbidi e l'acqua sarà stata completamente assorbita.

Pulite bene i funghi e tagliateli a fettine. Lavate e spuntate le zucchine e riducetele a rondelle, quindi fate rosolare entrambi in un'altro tegame con 1 cucchiaio d'olio per circa 10 minuti.

Quando le patate saranno cotte, scoaltele e unitele ai fagioli, regolate di sale e di pepe e fate insaporire per qualche minuto.

Mettete le patate, i fagioli, i funghi e le zucchine nel mixer con l'erba cipollina tagliuzzata e l'olio rimasto e frullate. Trasferite il composto in una terrina e mettete a raffreddare in frigorifero per circa 2 ore.

Ingredienti per 4 persone

- 500 g di polpa di vitello
- 100 g di pistacchi sgusciati
- 1 fetta di prosciutto cotto da 100 g
- 1 fetta di mortadella di Bologna da 100 g
- 1 uovo e 1 tuorlo
- 20 g di parmigiano grattugiato
- noce moscata
- sale e pepe

Difficoltà: Media

Preparazione: 30 minuti più 12 ore di riposo

Cottura: 1 ora

Regione: Emilia-Romagna

Vino: Colli Bolognesi Barbera (rosso, Emilia-Romagna)

Colli Pesaresi Sangiovese (rosso, Marche)

Rifreddo emiliano

Tagliate le fette di prosciutto e di mortadella a strisce larghe 1 cm, poi passate gli scarti e la polpa di vitello per 2 volte nel tritatutto. In una terrina mescolate il trito con 1 uovo, il parmigiano grattugiato, sale, pepe e noce moscata.

Dividete il composto in 2 parti, stendetene una sul fondo di uno stampo imburrato, disponetevi qualche pistacchio, le strisce alternate di prosciutto e di mortadella e rompetevi 1 tuorlo per legare i vari ingredienti.

Coprite la preparazione con il rimanente impasto, livellatelo e premetelo bene, quindi fatelo cuocere a bagnomaria per 1 ora circa.

Togliete dal fuoco, premete bene il contenuto dello stampo con il coperchio o con un piatto sovrastato da pesi e lasciatelo raffreddare, quindi tenetelo al fresco per circa 10-12 ore.

Sformate il rifreddo, tagliatelo a fette sottili, disponetele leggermente sovrapposte su un piatto da portata e servite in tavola.

INGREDIENTI PER 4 PERSONE

- ✔ 2 dl di brodo di pesce
- ✔ 6 g di gelatina in fogli
- ✔ 300 g di filetto di salmone pulito
- ✔ 100 g di code di gamberetti cotte
- ✔ 30 g di caviale
- ✔ 1 dl di olio d'oliva extravergine
- ✔ 1 ciuffo di prezzemolo tritato
- ✔ 3 pomodori maturi e sodi
- ✔ 1 mazzetto di cerfoglio tritato
- ✔ 1 mazzetto di erba cipollina tritata
- ✔ 1 mazzetto di basilico
- ✔ 2 cucchiai di succo di limone
- ✔ aceto balsamico ✔ sale e pepe

DIFFICOLTÀ: Media

PREPARAZIONE: 20 minuti più 15 minuti di marinatura del salmone

COTTURA: Nessuna

VINO: Collio Sauvignon (bianco, Friuli-Venezia Giulia)

ROTOLINI DI SALMONE

Fate ammorbidire i fogli di gelatina in poca acqua fredda, sgocciolatela, strizzatela e fatela sciogliere nel brodo caldo. Filtrate il composto attraverso un telo umido e lasciatelo intiepidire.

Nel frattempo, lavate il basilico, sbollentatelo brevemente in acqua salata, unitelo alla gelatina, frullate il tutto e lasciate raffreddare.

In una ciotolina emulsionate con una forchetta il succo di limone con l'olio, sale e pepe; tenetene da parte 3 cucchiai e aggiungete la salvia rimasta le erbe aromatiche tritate. Tagliate il salmone a listarelle di 1x5 cm; mettetele in un piatto, irroratele con la salsa alle erbe e fatele marinare per 15 minuti.

Nel frattempo, private i pomodori della pelle e dei semi, tagliateli a dadini e conditeli con la salsa che avrete tenuta da parte.

Sgocciolate le listarelle di salmone e formate dei rotolini. Tritate la gelatina al basilico e distribuitela su un piatto da portata con i pomodori; adagiatevi i rotolini, guarnite con il caviale e i gamberetti irrorati con poco aceto balsamico.

SFORMATINI AI GAMBERETTI

INGREDIENTI PER 4 PERSONE

- ✔ 250 g di gamberetti sgusciati
- ✔ 2 dl di latte
- ✔ 2 uova
- ✔ 3 cucchiai di olio d'oliva extravergine
- ✔ 300 g di pomodori
- ✔ 1 mazzetto di erba cipollina
- ✔ 20 g di burro
- ✔ senape
- ✔ 1 cucchiaio di succo di limone
- ✔ sale e pepe

DIFFICOLTÀ: Bassa

PREPARAZIONE: 25 minuti

COTTURA: 25 minuti

VINO: Vermentino di Sardegna (bianco, Sardegna)

Friuli Grave Pinot Grigio (bianco, Friuli-Venezia Giulia)

Tagliate i gamberetti a pezzetti. Lavate l'erba cipollina, asciugatela e tagliuzzatela.

In una ciotola sbattete il latte, le uova, l'erba cipollina tagliuzzata, sale e pepe. Incorporate i gamberetti e versate il composto negli stampini imburrati. Cuocete a bagnomaria nel forno già caldo a 180 °C per 25 minuti circa.

Nel frattempo, sbollentate in acqua i pomodori, privateli di pelle e semi, tritateli grossolanamente e passateli al mixer con una punta di senape, l'olio, il succo di limone, sale e pepe e frullate fino a ottenere una salsa omogenea.

Sformate il contenuto degli stampini su un piatto da portata e servite gli sformatini caldi o tiepidi con la salsa di pomodoro.

SFORMATINI AL BASILICO

INGREDIENTI PER 4 PERSONE

- ✔ 80 g di basilico
- ✔ 1 spicchio d'aglio
- ✔ 2 dl di panna liquida
- ✔ 280 g di pomodori maturi
- ✔ qualche foglia di indivia belga
- ✔ 15 g di gelatina in fogli
- ✔ alcuni ciuffetti di soncino
- ✔ 2 cucchiai di olio d'oliva extravergine
- ✔ sale e pepe

DIFFICOLTÀ: Bassa

PREPARAZIONE: 30 minuti più 2 ore di raffreddamento

COTTURA: Nessuna

VINO: Blanc de Morgex et de La Salle (bianco, Valle d'Aosta)

Monreale Bianco (Sicilia)

Mettete a bagno la gelatina in una ciotola di acqua fredda. Lavate il basilico, asciugatelo e tritatelo con l'aglio sbucciato.

Scottate i pomodori, sgocciolateli, privateli della pelle e dei semi e passateli nel mixer. Unite i pomodori frullati al basilico tritato, aggiungete l'olio, sale e pepe e mescolate bene.

Scaldate la panna in un pentolino, unite la gelatina ben strizzata e scioglietela, quindi unitela al composto di pomodoro e basilico. Suddividete la crema ottenuta in 4 stampini e mettetela a rassodare in frigorifero per 2-3 ore.

Sformate il contenuto degli stampini su piatti individuali e circondate ogni sformatino con qualche foglia di indivia belga e ciuffetti di soncino.

LA VARIANTE

Per un piatto ancora più fresco e profumato, sostituite i pomodori con polpa di melone e aggiungete al posto dell'aglio qualche fogliolina di menta fresca, lavata e asciugata delicatamente.

INGREDIENTI PER 4 PERSONE

- 250 g di fontina
- 1 dl di latte
- 6 uova
- 3 cucchiai di panna
- 800 g di spinaci
- 1 costa di sedano
- 40 g di burro
- burro per gli stampini
- sale e pepe

DIFFICOLTÀ: Bassa

PREPARAZIONE: 20 minuti

COTTURA: 50 minuti

VINO: Montefalco Bianco (Umbria)

SFORMATINI ALLA FONTINA E SPINACI

Sminuzzate la fontina in una ciotola e incorporatevi le uova; unite il latte, la panna e una macinata di pepe e mescolate per amalgamare bene il tutto.

Versate il composto in stampini individuali imburrati e fate cuocere a bagnomaria nel forno già caldo a 140 °C per 50 minuti.

Nel frattempo, mondate gli spinaci, lavateli, sgocciolateli e fateli cuocere per 2 minuti circa in una padella antiaderente con il burro rimasto, salateli e pepateli.

Mondate il sedano, tagliatelo a pezzetti e sbollentateli per 5-7 minuti in acqua salata.

A cottura ultimata, togliete gli sformatini dal forno, passatevi la lama di un coltellino tutt'attorno agli stampini e capovolgeteli sul piatto da portata.

Serviteli caldi o tiepidi a piacere, accompagnandoli con gli spinaci e il sedano preparati.

L'INGREDIENTE

Fontina. La fontina è il più importante formaggio della Valle d'Aosta, dove è prodotto da tempi remoti. Ottenuto dalla lavorazione di latte vaccino intero, è un formaggio a pasta semicotta, più burrosa nella produzione estiva, che è anche più aromatica. Pur trattandosi di un formaggio da tavola, i suoi impieghi in cucina sono molteplici e molto validi, come dimostrano ricette quali la notissima fonduta e la polenta alla valdostana. Per stemperarne leggermente l'aroma, deciso e inconfondibile, si può mettere a bagno nel latte freddo per 15-30 minuti.

Spumini al prosciutto, ricotta e mascarpone

Ingredienti per 4 persone

- 150 g di prosciutto cotto
- 100 g di ricotta
- 100 g di mascarpone
- succo di limone
- 5-6 foglie di lattuga
- sale

Difficoltà: Bassissima

Preparazione: 30 minuti più 1-2 ore di riposo

Cottura: Nessuna

Vino: Casteller (rosso, Trentino-Alto Adige)

Passate al mixer il prosciutto cotto con la ricotta, il mascarpone, qualche goccia di limone e un pizzico di sale, fino a ottenere un composto denso e omogeneo. Trasferite il composto così ottenuto in una terrina e mettetelo a riposare in frigorifero per 1-2 ore.

Al momento di servire, lavate la lattuga, sgocciolatela, asciugatela con un telo e tagliatela a listarelle il più finemente possibile. Distribuite le listarelle di lattuga su 4 piatti individuali, formando una specie di "prato".

Togliete il composto dal frigorifero, mettetelo in una tasca da pasticciere con beccuccio a stella e distribuitelo in 3-5 mucchietti su ogni piatto, formando degli spumini.

Definizione

Tasca da pasticciere. Chiamata anche sacchetto, imbuto o cornetto, la tasca da pasticciere è una sorta di cono di plastica o tela plastificata con cui si decorano piatti freddi, torte e gelati, si imbottiscono alcune vivande, come per esempio i bigné, e se ne dispongono altre sul piatto da portata, come per esempio questi spumini al prosciutto. Il cono è aperto alle due estremità: nell'estremità più piccola si infila, dall'interno, il beccuccio d'uscita, che può essere liscio o frastagliato (detto anche a stella).

Tartara vegetariana

Ingredienti per 4 persone

- 250 g di ricotta
- 100 g di scamorza affumicata
- 100 g di fontina
- 2 pomodori
- 1 ciuffo di salvia
- 20 g di gherigli di noce
- aceto balsamico
- olio d'oliva extravergine
- sale e pepe

Difficoltà: Bassa

Preparazione: 15 minuti

Cottura: Nessuna

Vino: Alcamo Bianco (Sicilia)

Vernaccia di San Gimignano (bianco, Toscana)

Tagliate la scamorza e la fontina a dadini piccolissimi. Mettete la ricotta in una terrina, lavoratela per qualche istante, quindi unitevi la scamorza e la fontina, sale e pepe e mescolate bene.

Prelevate il composto di formaggio a cucchiaiate e versatelo in un tagliapasta di 8-9 cm di diametro, livellate la superficie ed estraetelo delicatamente. Proseguite allo stesso modo per preparare 4 dischi di formaggio e trasferiteli su 4 piatti.

Private i pomodori dei semi e dell'acqua di vegetazione e tagliateli a dadini. Tritate i gherigli di noce grossolanamente. Lavate la salvia, asciugatela e tritatela finemente. Emulsionate l'aceto balsamico con un pizzico di sale e l'olio a filo; continuando a sbattere, incorporatevi la salvia tritata.

Spolverizzate i dischi di formaggio con una macinata di pepe. Distribuite il condimento sulle tartare, completate con i dadini di pomodoro e i gherigli di noce e servite.

INGREDIENTI PER 4 PERSONE

- 50 g di parmigiano grattugiato
- 10 g di salvia tritata
- 60 g di burro ✔ 5,5 dl di latte
- 2 spicchi d'aglio tritati
- 1 cipolla tritata ✔ 4 uova 2 tuorli
- 1 ciuffo di prezzemolo tritato
- 10 g di rosmarino tritato
- 2 dl di panna ✔ 10 g di farina 00
- 2-3 gocce di succo di limone
- sale e pepe

DIFFICOLTÀ: Bassissima

PREPARAZIONE: 15 minuti

COTTURA: 35 minuti

REGIONE: Piemonte

VINO: Cortese di Gavi (bianco, Piemonte)

Donnici Bianco (Calabria)

TARTRÀ PIEMONTESE

Fate appassire l'aglio e la cipolla in 20 g di burro e uniteli in una terrina alle uova e ai tuorli, al formaggio, salvia e rosmarino, latte, panna, un pizzico di sale e pepe, sbattendo bene il tutto con una forchetta.

Imburrate e infarinate gli stampini, distribuitevi il composto a base di uova e cuocete a bagnomaria nel forno precedentemente riscaldato a 180 °C per mezz'ora.

Mettete il prezzemolo tritato in un pentolino con il succo di limone. Ponetelo sul fuoco.

Fatelo scaldare mescolando, con un cucchiaio di legno quindi toglietelo e incorporatevi il burro rimasto fuso a parte.

Sformate i budini sui piatti e serviteli con la salsa tiepida.

Terrina di filetti di pesce

Ingredienti per 4 persone

- 200 g di filetti di salmone
- 200 g di filetti di branzino
- 1 mazzetto di erbe aromatiche
- 2 fogli di gelatina
- 3 cucchiai di olio d'oliva extravergine
- 1 cucchiaio di succo di limone
- 1 pomodoro a dadini
- 1 ciuffo di prezzemolo
- 1 rametto di basilico
- 1 mazzetto di erba cipollina
- sale e pepe

Difficoltà: Media

Preparazione: 50 minuti più 2 ore di raffreddamento

Cottura: 20 minuti

Vino: Langhe Chardonnay (bianco, Piemonte)

Lizzano Bianco (Puglia)

Pulite i filetti di pesce, lavateli, asciugateli, tagliateli a pezzi regolari, salateli, pepateli e fateli riposare per 20 minuti; ammorbidite i fogli di gelatina in acqua fredda; lavate le erbe aromatiche, asciugatele e tritatele.

Disponete in una terrina unta con l'olio il salmone in uno strato alto 1,5 cm, cospargetelo con un poco del trito di erbe e copritelo con un foglio di gelatina sgocciolato; ripetete l'operazione altre 2 volte, terminando con i filetti di branzino.

Sovrapponete al pesce un'assicella, coprite il recipiente e cuocete nel forno già caldo a 190 °C per 20 minuti, quindi togliete dal forno, fate raffreddare e riponete in frigo per circa 2 ore.

Poco prima di servire, emulsionate il succo di limone con olio, sale e pepe, unitevi il pomodoro a dadini, il prezzemolo, il basilico e l'erba cipollina, lavati e tritati. Sformate la terrina e servitela con la salsa preparata.

Terrina di foie gras

Ingredienti per 4 persone

- 200 g di fegato grasso d'oca o d'anatra (foie gras) fresco
- sale e pepe

Difficoltà: Elevata

Preparazione: 20 minuti più 20 minuti di ammollo e 24 ore di raffreddamento

Cottura: 40 minuti

Vino: Recioto di Soave (bianco, Veneto)

Frascati Cannellino (bianco, Lazio)

Immergete il foie gras in acqua tiepida per 20 minuti circa; sgocciolatelo, asciugatelo con un telo, privatelo della pellicina che lo ricopre e delle eventuali tracce verdastre lasciate dal fiele.

Separate i due lobi, incidendoli al centro con un coltellino affilato; eliminate le vene che li attraversano, regolate di sale e pepe.

Ricomponete il fegato in una terrina che lo contenga di misura e fatelo cuocere a bagnomaria nel forno già caldo a 120 °C per 40 minuti circa (il fegato sarà cotto quando, infilzandolo con un ago metallico ed estraendolo dopo qualche secondo, questo presenterà la punta calda).

Togliete la terrina dal forno e fate raffreddare del tutto il fegato.

Tenete la terrina in frigorifero per almeno 24 ore prima di servirla.

INGREDIENTI PER 4 PERSONE

- ✔ 150 g di gamberetti
- ✔ 150 g di filetti di nasello
- ✔ 150 g di filetti di salmone
- ✔ 2 albumi
- ✔ 2 dl di panna
- ✔ 80 g di spinaci
- ✔ 20 g di burro
- ✔ sale e pepe

DIFFICOLTÀ: Media

PREPARAZIONE: 30 minuti più 1 ora di raffreddamento

COTTURA: 40 minuti

VINO: Roero Arneis (bianco, Piemonte)

Gioia del Colle Bianco (Puglia)

TERRINA DI GAMBERETTI E SPINACI

Pulite gli spinaci, e cuoceteli al vapore; scolateli di nuovo e tritateli grossolanamente.

Private i gamberetti del filo nero interno, lavateli e asciugateli. Lavate i filetti di nasello e di salmone, asciugateli e tagliateli a pezzetti.

Tritate separatamente i gamberetti, il salmone e il nasello; passateli al setaccio e raccogliete i composti in 2 ciotole. Salateli e pepateli e amalgamate a ciascuno 1 albume. Riponete in frigo per 1 ora.

Togliete le ciotole dal frigo, unite gli spinaci tritati e 1 dl di panna fredda a filo, mescolando. Incorporate metà della panna rimasta al composto di salmone e il resto della panna a quello di gamberetti.

Imburrate uno stampo, distribuitevi i composti di pesce e fate cuocere nel forno già caldo a 170 °C a bagnomaria per 40 minuti. Servite la terrina tiepida a fette.

INGREDIENTI PER 4 PERSONE

- ✔ 150 g di filetti di lavarello puliti
- ✔ 1 dl di panna ✔ 1 albume
- ✔ 150 g di filetti di salmerino puliti
- ✔ 1 cucchiaio di succo di limone
- ✔ 1 carota lessata a dadini
- ✔ 1 zucchina lessata a dadini
- ✔ 100 g di spinaci cotti tritati
- ✔ 1 mazzetto di maggiorana
- ✔ alcuni steli di erba cipollina
- ✔ 1 ciuffo di prezzemolo
- ✔ 10 g di burro ✔ sale e pepe

DIFFICOLTÀ: Media

PREPARAZIONE: 30 minuti più 30 minuti di raffreddamento

COTTURA: 30 minuti

VINO: Lugana (bianco, Lombardia)

Taburno Greco (bianco, Campania)

TERRINA DI LAVARELLO E SALMERINO

Passate i filetti di lavarello spellati al mixer. Versate la crema ottenuta in una terrina, unitevi l'albume, qualche goccia di succo di limone, sale e pepe e mescolate, quindi riponete in frigorifero. Dividete i filetti di salmerino, privati della pelle a listarelle, quindi poneteli in frigorifero per circa mezz'ora.

Togliete il composto di pesce dal frigo, unitevi la panna, i dadini di carota e zucchina, gli spinaci, la maggiorana, l'erba cipollina e il prezzemolo tritati e mescolate.

Distribuite sul fondo di una terrina imburrata uno strato di composto di lavarello; adagiatevi qualche listerella di salmerino e procedete a strati fino a esaurimento degli ingredienti, terminando con il lavarello.

Coprite la terrina con alluminio e cuocete a bagnomaria nel forno già caldo a 170 °C per mezz'ora. Raffreddate e servite a fette.

BRUSC

BRUSCHETTE, CROSTINI E TARTINE

HETTE

ANTIPASTI A BASE DI PANE

Bruschette, crostini, canapè, tartine, tramezzini e panini mignon sono preparazioni che si compongono di una base di pane, abbrustolito o al naturale, condita in vari modi. Appetitosi e belli da vedere, hanno il pregio di essere molto facili da preparare.

Il pane, tagliato a triangoli, quadrati o rettangoli, offre una facile opportunità per preparare tartine o mini-tramezzini da offrire con l'aperitivo o come antipasto

BRUSCHETTE

Con questo termine, originario del Centro Italia, viene indicata una fetta di pane rustico abbrustolito ("bruscato") nel forno o sulla griglia, sulla quale viene strofinato a caldo uno spicchio d'aglio e che è poi condita con olio d'oliva extravergine, pepe e sale.

Oltre che con pomodoro maturo tritato o, come si usa in Piemonte, con una fettina di lardo, la bruschetta si può condire con un'infinita varietà di ingredienti.

CROSTINI

I crostini, così come i crostoni che si differenziano da questi ultimi solo per la maggiore dimensione, possono essere preparati, oltre che con pane casereccio, anche con fette di pancarré tostate e poi spalmate di composti vari, in genere piuttosto saporiti, come fegato, fegatini, formaggi piccanti, salumi, acciughe e capperi.

TARTINE E CANAPÈ

A questa categoria appartengono tutte quelle preparazioni a base di fette di pancarré, private della crosta e non tostate, tagliate in varie forme, che vengono solitamente imburrate e guarnite con ingredienti di vario genere, impastati o meno tra loro e, a volte, ricoperti di gelatina.

Tartine e canapè possono essere serviti caldi o freddi; ciò che distingue le une dagli altri, è la dimensione, che è più ridotta per le tartine.

In questo gruppo di antipasti realizzati con base di pane rientrano anche i toast e i tramezzini, i quali altro non sono che canapè, caldi i primi o freddi i secondi, che racchiudono il composto tra due fette di pane.

MINI SANDWICH

I più diffusi e apprezzati sono quelli preparati utilizzando panini al latte, ma altrettanto adatti sono i piccoli panini ricoperti di semi (come papavero, cumino, soia, sesamo, e così via).

Dopo essere stati tagliati a metà, i panini si possono semplicemente imburrare con un burro composto, spalmare di pâté o mousse, imbottire con fette di salume, formaggio o altro o, ancora, farcire, una volta svuotata la base di parte della mollica, con preparazioni come, per esempio, l'insalata russa.

LA DEFINIZIONE

Bruschetta, fettunta e altre preparazioni affini a base di pane abbrustolito e condito hanno probabilmente tutte origine del cosiddetto "panunto", antico modo di servire fette di pane casereccio, anche raffermo, insaporito con grasso di carni e salsicce. Un tempo questo piatto costituiva un classico spuntino di chi era dedito al lavoro nei campi.

TIPI DI PANE

1 Pane di segale (per tartine, canapé, toast e tramezzini)
2 Pane casereccio (per bruschette, crostini e crostoni)
3 Pancarré (per tartine, canapé, toast e tramezzini)
4 Pancarré integrale (per tartine, canapé, toast e tramezzini)
5 Baguette (per crostini e crostoni)
6 Friselle (per bruschette)
7 Pane per tramezzini (per canapè, tartine e tramezzini)
8 Panini al latte (per mini sandwich)

LA SCELTA DEL PANE

Il pane più idoneo per la preparazione di bruschette e crostini è senz'altro il pane rustico o casereccio, preparato con farina tipo 1 o 0, che viene tagliato a fette senza essere privato della crosta. Si adattano a questa preparazione anche altri tipi di pane come la baguette, il pane siciliano, il pane toscano e la frisella – pane biscottato a forma di ciambella tipico della Puglia e della Campania. Per tartine, canapè, toast e tramezzini sono invece più adatti il "pane a cassetta", comunemente chiamato pancarré, e il cosiddetto "pane per tramezzini", pancarré privo di crosta e con mollica morbida e bianca. Per preparazioni di tipo più rustico o di sapore particolare, può essere utilizzato anche il pancarré integrale o il pane di segale, di colore scuro e dall'aroma leggermente acidulo. Preparato con farina tipo 00, burro, latte e lievito di birra e cotto in stampi di latta a cassetta che gli conferiscono la caratteristica forma, il pancarré si trova in commercio già affettato o intero in confezioni sigillate che lo mantengono fresco anche per diversi giorni. Le fette di pancarré si possono tagliare a triangoli, a rettangoli oppure in forme più originali servendosi di appositi stampini.

IL CONSIGLIO

Per una buona conservazione, l'olio va protetto dalla luce diretta e dal calore e la bottiglia va sempre richiusa dopo il consumo. L'olio andrebbe consumato nell'arco di 1 anno, ma, se conservato correttamente, nella bottiglia ancora sigillata, può mantenersi anche fino a 2 anni.

CONDIMENTI DI BASE

Alcune delle preparazioni presentate in questa sezione prevedono un condimento di base, che può essere, per esempio nelle bruschette, l'olio oppure, come nel caso di tramezzini e canapè, il burro, sia esso semplice oppure composto.

L'olio

L'olio utilizzato in queste preparazioni è sempre olio di oliva extravergine, l'olio cioè ottenuto dalla spremitura delle olive e che non ha subito trattamenti di raffinazione.

A seconda delle zone di produzione gli oli di oliva extravergine si differenziano per colore, consistenza e sapore. Più genericamente, e relativamente al loro utilizzo negli antipasti, essi si possono distinguere in delicati e saporiti.

Una buona regola da seguire nella scelta del tipo di olio da utilizzare è ricordarsi che l'olio deve esaltare le qualità del cibo al quale viene abbinato e non sovrapporsi a esso. Preparazioni a base di ingredienti dal gusto deciso, come le bruschette o le friselle con salumi, formaggi e legumi o crostini ai fegatini e al pâté di olive prediligono oli saporiti come quelli del Centrosud.

Nelle preparazioni a base di crostacei o che prevedono l'uso della maionese sarà consigliabile optare per oli dolci e delicati che non ne sovrastino il sapore, come quelli della Liguria o della regione del Garda.

Il burro

Ottenuto dalla sostanza grassa del latte (panna o crema) per affioramento o centrifugazione meccanica e quindi fatto solidificare per sbattimento in un apposito strumento chiamato zangola, il burro in cucina ha numerosi impieghi. Quello che interessa in questa sede è l'uso del burro a crudo, sia esso spalmato su pane e tartine o lavorato con altri ingredienti. Entrambe le operazioni richiedono l'utilizzo di un burro di ottima qualità, un burro, cioè, caratterizzato da un colore bianco giallognolo omogeneo e da un odore e un sapore tipici e poco accentuati. Esiste inoltre in commercio un altro tipo di burro, che si adatta a questo tipo di antipasti: il burro salato, a cui viene aggiunto sale da cucina in proporzioni variabili dal 3 al 5%.

I burri composti

I burri composti sono burri amalgamati con aromi o altri ingredienti, che, nel caso specifico degli antipasti, possono fungere sia da base a una preparazione più complessa sia, con l'aggiunta di una semplice guarnizione (cappero, acciuga, gamberetto) da ingrediente principale. Unica avvertenza è quella di utilizzare un burro fresco di buona qualità.

La preparazione è molto semplice: si fa ammorbidire il burro a temperatura ambiente, quindi lo si lavora con gli ingredienti prescelti, pestati nel mortaio, frullati o finemente sminuzzati, fino a ottenere un composto omogeneo. Il burro va quindi posto in frigorifero fino al momento dell'utilizzo, nella stessa ciotola di preparazione, se va solo spalmato, oppure in uno stampo rettangolare. Se, invece, si vuole ottenere una forma cilindrica, occorre trasferire il composto su un foglio di carta da forno, dargli una forma cilindrica dello spessore desiderato, avvolgerlo nella carta stessa e poi riporlo in frigo.

La varietà dei burri composti è ricca quanto la scelta degli ingredienti aromatizzanti. Qui di seguito troverete le ricette dei più utilizzati: il burro ai funghi, il burro al salmone, il burro ai capperi e acciughe, il burro al basilico, il burro alle erbe aromatiche e il burro ai gamberetti.

IL CONSIGLIO

L'uso di imburrare le fette di pane per preparare tartine, canapè e tramezzini serve a impedire che il pane assorba l'umidità degli ingredienti della copertura o del ripieno.

I BURRI COMPOSTI

BURRO AL SALMONE

INGREDIENTI:
- ✔ 100 g di burro
- ✔ 100 g di salmone affumicato a fette

Servendovi di un coltello ben affilato, tritate finemente le fette di salmone affumicato. Mescolate in una ciotola con un cucchiaio di legno il burro, fatto precedentemente ammorbidire a temperatura ambiente, con il salmone tritato fino a ottenere un composto omogeneo e ben amalgamato. Trasferite il composto ottenuto in uno stampo rettangolare, copritelo con pellicola trasparente e ponetelo in frigorifero, in modo che si rassodi, fino al momento di utilizzarlo.

BURRO ALLE ERBE AROMATICHE

INGREDIENTI:
- ✔ 100 g di burro
- ✔ 1 mazzetto di dragoncello
- ✔ 1 mazzetto di maggiorana
- ✔ 1 mazzetto di basilico
- ✔ 1 mazzetto di erba cipollina

Lavate le erbe aromatiche, asciugatele delicatamente con un telo e tritatele finemente. Ponete il burro ammorbidito in una ciotola, aggiungetevi le erbe tritate e amalgamate gli ingredienti mescolandoli con un cucchiaio di legno. Trasferite il composto in uno stampo rettangolare, coprite con pellicola trasparente e ponetelo in frigorifero fino al momento di utilizzarlo.

BURRO AI FUNGHI

INGREDIENTI:
- ✔ 120 g di burro
- ✔ 100 g di funghi coltivati
- ✔ 1/2 spicchio d'aglio
- ✔ 1 rametto di prezzemolo
- ✔ sale

Pulite i funghi, lavateli, asciugateli e tagliateli a spicchi. Lavate e tritate il prezzemolo. Fate imbiondire l'aglio sbucciato in una padella con 20 g di burro; unite i funghi, rosolateli per 5 minuti, salateli e cospargeteli con il prezzemolo; eliminate l'aglio, tritate i funghi e fateli raffreddare. Ponete in una ciotola il burro rimasto e amalgamatevi i funghi. Trasferite il composto in uno stampo, coprite con pellicola e ponete in frigo fino al momento di usarlo.

BURRO AI GAMBERETTI

INGREDIENTI:

- 100 g di burro
- 100 g di code di gamberetti
- sale

Sgusciate le code di gamberetti, privatele del filo nero interno, lavatele e fatele cuocere al vapore per 2-3 minuti. Sgocciolatele, asciugatele delicatamente con un telo e tritatele finemente. Mettete il burro ammorbidito in una ciotola, unitevi i gamberetti tritati, un pizzico di sale e mescolate con un cucchiaio di legno fino a ottenere un composto omogeneo e ben amalgamato. Trasferite il composto in uno stampo, coprite con pellicola trasparente e ponetelo in frigo fino al momento di utilizzarlo.

BURRO AI CAPPERI E ACCIUGHE

INGREDIENTI:

- 100 g di burro
- 40 g di acciughe sotto sale
- 20 g di capperi

Lavate le acciughe sotto acqua fredda fino a eliminare tutto il sale, privatele della testa, della lisca centrale, asciugatele con carta da cucina e tritatele finemente. Lavate i capperi sotto acqua fredda, scolateli, strizzateli, asciugateli e poi tritateli. Mettete in una ciotola il burro ammorbidito, unitevi i capperi, le acciughe tritate e lavorate gli ingredienti fino a ottenere un composto omogeneo. Trasferitelo in uno stampo, coprite con pellicola trasparente e ponetelo in frigo fino al momento di utilizzarlo.

BURRO AL BASILICO

INGREDIENTI:

- 100 g di burro
- 2 mazzetti di basilico

Lavate il basilico, asciugatelo delicatamente con un telo tritatelo finemente.
Mettete il burro ammorbidito in una ciotola, aggiungetevi il basilico tritato e amalgamate gli ingredienti mescolandoli fino a ottenere un composto dalla consistenza omogenea.
Trasferite il composto in uno stampo, coprite con pellicola trasparente e ponete il burro al basilico in frigorifero fino al momento di utilizzarlo.

Bruschetta al peperone e pomodoro

Ingredienti per 4 persone

- 4 fette di pane casereccio
- 1 grosso peperone giallo
- 3 pomodori
- 1/2 cucchiaio di capperi sotto sale
- 40 g di olive nere snocciolate
- 4 cucchiai di olio d'oliva extravergine
- sale

Lavate i pomodori, sbollentateli, privateli della pelle e dei semi e tagliateli a dadini. Lavate il peperone, privatelo del picciolo, dei semi e dei filamenti bianchi interni, quindi tagliatelo a dadini. Risciacquate i capperi, asciugateli e tritateli.

Mettete metà dell'olio in un tegame e fatevi cuocere il peperone con i capperi, le olive e poco sale per 5 minuti, a recipiente coperto e mescolando di tanto in tanto. Aggiungete i pomodori e cuocete per 2 minuti. Scoperchiate e fate cuocere per altri 2 minuti. Togliete il tegame dal fuoco, regolate di sale, se necessario, e lasciate riposare per qualche minuto.

Nel frattempo, fate tostare nel forno già caldo a 200 °C, per 4 minuti, ciascun lato delle fette di pane, quindi sfornatele, trasferitele su un piatto da portata, distribuitevi sopra il composto di verdure e servite immediatamente.

Difficoltà: Bassa

Preparazione: 15 minuti

Cottura: 15 minuti

Vino: Vernaccia di San Gimignano (bianco, Toscana)

Bruschetta alla marinara

Ingredienti per 4 persone

- ✔ 8 fette di pane casereccio
- ✔ 250 g di pesce spada
- ✔ 1 cuore di sedano bianco
- ✔ 2 pomodori
- ✔ 50 g di olive nere
- ✔ 2 limoni
- ✔ 1 scalogno
- ✔ 1 mazzetto di prezzemolo tritato
- ✔ 4 cucchiai di olio d'oliva extravergine
- ✔ sale e pepe

Difficoltà: Bassa

Preparazione: 30 minuti più 1 ora di marinatura

Cottura: 5 minuti

Vino: Piave Verduzzo (bianco, Veneto)

Nuragus di Cagliari (bianco, Sardegna)

Tagliate il pesce spada a pezzetti e poneteli in una terrina poco profonda, bagnateli con il succo dei limoni, regolate di sale e pepe e poneteli a marinare in frigorifero per 1 ora circa.

Lavatei pomodori, sbollentateli, sgocciolateli, privateli della pelle e dei semi e tagliateli a dadini.

Mondate il sedano, lavatelo, asciugatelo e tagliatelo a rondelle.

Sbucciate lo scalogno, affettatelo finemente e mescolatelo in una terrina con le altre verdure, le olive nere snocciolate, 3 cucchiai d'olio, sale e pepe.

Nel frattempo, fate tostare le fette di pane nel forno già caldo a 200 °C per pochi minuti e poi spennellatele con l'olio rimasto.

Distribuite su ogni fetta qualche pezzetto di pesce spada sgocciolato dalla marinata e una cucchiaiata di composto di verdure, cospargete con prezzemolo tritato e servite.

Bruschetta con il lardo

Ingredienti per 4 persone

- ✔ 8 fette di pane casereccio
- ✔ 2 spicchi d'aglio
- ✔ 150 g di lardo
- ✔ 4 cucchiai di olio d'oliva extravergine
- ✔ sale e pepe nero

Difficoltà: Bassissima

Preparazione: 5 minuti

Cottura: 5 minuti

Regione: Piemonte

Vino: Barbera del Monferrato (rosso, Piemonte)

Colli Piacentini Gutturnio (rosso, Emilia-Romagna)

Sbucciate l'aglio, strofinatelo sulle fette di pane, irroratele con 3 cucchiai d'olio e insaporitele con un pizzico di sale.

Sistemate qualche fettina di lardo su 4 fette di pane, spolverizzatele con una macinata di pepe e poi sovrapponetevi le 4 fette di pane rimaste formando 4 sandwich.

Tostate le bruschette nel forno già caldo a 200 °C per pochi minuti da entrambe le parti, spennellatele con olio e servitele immediatamente.

L'ingrediente

Lardo. Così è chiamato, in genere, lo strato adiposo sottocutaneo del maiale. Più propriamente, con lardo si intende la parte attaccata alla cotenna nella zona della schiena, che si conserva mediante salatura e/o affumicatura (quando, oltre che salato, viene è affumicato si chiama lardone). Si usa come condimento oppure crudo, come antipasto, tagliato a fettine sottili, come in questa ricetta.

INGREDIENTI PER 4 PERSONE

- 1 cipolla
- 1 cipollotto di 30-40 g
- 80 g di zucchina
- 1/3 di peperone carnoso
- 100 g di melanzana
- 4 cucchiai di olio d'oliva extravergine
- 2 cucchiai di salsa di pomodoro
- 4 grandi fette di pane di 1 cm di spessore
- 1 spicchio d'aglio
- sale

DIFFICOLTÀ: Bassissima

PREPARAZIONE: 15 minuti

COTTURA: 15 minuti

VINO: Collio Malvasia (bianco, Friuli-Venezia Giulia)

BRUSCHETTA CON PICCOLA RATATUIA

Sbucciate la cipolla, spuntate la zucchina, pulite il peperone, mondate la melanzana, lavate gli ortaggi e tagliateli a dadini.

Mondate il cipollotto, lavatelo, asciugatelo, tagliatelo a dadini, e fatelo appassire in un comodo tegame con 2 cucchiai d'olio.

Unite tutti gli altri ortaggi, regolate di sale e fate cuocere a fuoco moderato per 5 minuti, mescolando di tanto in tanto con un cucchiaio di legno.

Unite agli ortaggi nel tegame la salsa di pomodoro, mescolate e fate cuocere per qualche istante.

Fate tostare le fette di pane nel forno già caldo a 200 °C per qualche minuto, quindi strofinatele con l'aglio sbucciato.

Trasferite le bruschette su un piatto da portata, distribuitevi sopra il misto di verdure, irrorate con l'olio rimasto e servite.

BRUSCHETTA CON RADICCHIO

INGREDIENTI PER 4 PERSONE

- 4 fette di pane casereccio
- 1 spicchio d'aglio
- 2 cucchiai di olio d'oliva extravergine
- 1 cespo di radicchio di Chioggia
- 100 g di parmigiano
- sale e pepe

DIFFICOLTÀ: Bassissima

PREPARAZIONE: 10 minuti

COTTURA: 5 minuti

VINO: Trentino Sauvignon (bianco, Trentino-Alto Adige)

Torgiano Bianco (Umbria)

Mondate e lavate il radicchio, asciugatelo con un telo e tagliatelo a listarelle sottili.

Trasferite il radicchio in una terrina, conditelo con 1 cucchiaio d'olio e regolate di sale e pepe. Riducete il parmigiano a scaglie e mescolatele all'insalata.

Fate tostare le fette di pane nel forno già caldo a 200 °C per pochi minuti e poi strofinatele con lo spicchio d'aglio sbucciato.

Irrorate le fette di pane tostate con un filo d'olio d'oliva e ricopritele con l'insalatina di radicchio e parmigiano a scaglie.

Trasferite le bruschette su un piatto da portata e servite.

BRUSCHETTA CON SALAME E FAVE

INGREDIENTI PER 4 PERSONE

- 1 pagnotta di grano duro
- 250 g di salame
- 80 g di fave fresche sgranate
- 80 g di pecorino
- 2 cucchiai di olio d'oliva extravergine
- sale e pepe

DIFFICOLTÀ: Bassa

PREPARAZIONE: 10 minuti

COTTURA: 5 minuti

VINO: Grignolino d'Asti (rosso, Piemonte)

Sant'Agata de' Goti Rosso (Campania)

Tagliate il pane in 12 fette ognuna dello spessore di 1 cm e fatele tostare nel forno già caldo a 200 °C per qualche minuto sui 2 lati. Private il salame della pelle e tagliatelo in 24 fette. Riducete il pecorino a scaglie servendovi dell'apposito tagliaformaggio.

Sbollentate le fave in una pentola di acqua che avrete leggermente salato, sgocciolatele e fatele raffreddare sotto il getto dell'acqua corrente. Eliminate quindi la pellicina che le ricopre premendo il seme tra il pollice e l'indice.

Disponete su ogni fetta di pane tostato 2 fette di salame, qualche scaglia di pecorino e un po' di fave. Insaporite le bruschette con un pizzico di sale e una macinata di pepe e irroratele con un filo d'olio d'oliva extravergine.

Prendete un piatto da portata sul quale porrete le bruschette da servire in tavola.

Ingredienti per 4 persone

- 200 g di polpa di aragosta in scatola
- 16 punte di asparagi
- 6 fette di pancarré
- 8 cucchiai di maionese
- 2 pomodori piccoli e sodi
- sale e pepe
- spicchi di limone
- un mazzetto di prezzemolo

Difficoltà: Bassa

Preparazione: 20 minuti

Cottura: 25 minuti

Vino: Sannio Falanghina (bianco, Campania)

Friuli Aquileia Müller-Thurgau (bianco, Friuli-Venezia Giulia)

Canapè di aragosta

Mondate gli asparagi, fateli lessare al dente, sgocciolateli e lasciateli raffreddare.

Private della crosta le fette di pancarré e ritagliatele con uno stampino rotondo.

Fate tostare i dischetti di pancarré nel forno già caldo a 200 °C per pochi minuti, quindi spalmatevi la maionese.

Disponete su ogni canapè 1 fettina di pomodoro, insaporita con sale e pepe, mettetevi sopra un po' di polpa di aragosta ben sgocciolata e tagliata a dadini, completate con 1 punta di asparago.

Adagiate i canapè su un piatto da portata, contornateli con spicchi di limone alternati a prezzemolo e servite.

INGREDIENTI PER 4 PERSONE

- ✔ 4 carote novelle
- ✔ 8 fette di pancarré
- ✔ 4 cucchiai di maionese
- ✔ 40 g di burro
- ✔ 2 cucchiai di succo di limone
- ✔ 4 uova sode
- ✔ sale

DIFFICOLTÀ: Bassissima

PREPARAZIONE: 10 minuti

COTTURA: 5 minuti

VINO: Colli Orientali del Friuli Tocai Friulano (bianco, Friuli-Venezia Giulia)

Marino Trebbiano Verde (bianco, Lazio)

CANAPÈ DI CAROTE E UOVA SODE

Strofinate accuratamente con un telo umido le carote novelle, oppure raschiatele con un coltellino o con l'apposito strumento, quindi tagliatele a listarelle sottili.

Sgusciate le uova sode e schiacciatele con una forchetta, quindi conditele con un pizzico di sale e il succo di limone. Aggiungete le carote e la maionese ben densa e mescolate bene il tutto.

Tostate le fette di pancarré, private della crosta, nel forno già caldo a 200 °C per pochi minuti, quindi imburratele e cospargetele con il composto di uova e carote.

Trasferite i canapè su un piatto da portata e servite.

LA VARIANTE

Sostituite le carote con altrettante zucchine piccole e giovani, possibilmente della varietà "Striate d'Italia", note per la loro delicatezza, o della varietà "Verdi di Milano", a frutto lungo e sodo.

INGREDIENTI PER 4 PERSONE

- ✔ 8 fette di pancarré
- ✔ 150 g di fegato di vitello
- ✔ 50 g di pancetta affumicata a fettine
- ✔ 200 g di funghi coltivati
- ✔ 50 g di burro
- ✔ sale e pepe

DIFFICOLTÀ: Bassa

PREPARAZIONE: 15 minuti

COTTURA: 25 minuti

VINO: Grignolino del Monferrato Casalese (rosso, Piemonte)

Torgiano Rosso (Umbria)

CANAPÈ DI FEGATO E PANCETTA AFFUMICATA

Pulite i funghi privandoli della parte terrosa, lavateli rapidamente in acqua fredda, asciugateli delicatamente con un telo e tagliateli a fettine sottili. Riducete la pancetta a piccoli pezzetti e fateli rosolare in un tegame antiaderente per 5 minuti con 10 g di burro; unite i funghi e proseguite la cottura per circa 15 minuti a fuoco vivace.

Tagliate a fettine il fegato. In un altro tegame, fate sciogliere 15 g di burro e rosolatevi a fuoco vivo, per circa 5 minuti, le fettine di fegato da entrambi i lati. Insaporitele con sale e pepe, quindi toglietele dal tegame e passatele al mixer. Fate tostare nel forno già caldo a 200 °C le fette di pancarré, private della crosta e tagliate a metà diagonalmente, per pochi minuti, quindi spalmatele con il burro rimasto, ammorbidito, e disponetevi sopra il composto di fegato.

Completate con la pancetta e i funghi, trasferite i canapè su un piatto da portata e servite.

CROSTINI CON ARINGA AFFUMICATA

INGREDIENTI PER 4 PERSONE

- ✔ 150 g di filetti di aringa affumicata
- ✔ 8 fette di pancarré
- ✔ 150 g di ricotta romana
- ✔ 1/2 spicchio d'aglio
- ✔ 1 cipollotto
- ✔ 2,5 dl di latte
- ✔ pepe

DIFFICOLTÀ: Bassa

PREPARAZIONE: 20 minuti più 2 ore di riposo

COTTURA: 5 minuti

VINO: Isonzo Sauvignon (bianco, Friuli-Venezia Giulia)

Fiano di Avellino (bianco, Campania)

Eliminate le eventuali lische dai filetti di aringa, metteteli in una terrina, versatevi il latte, lasciateli macerare per 2 ore circa, rigirandoli di tanto in tanto, quindi sgocciolateli e asciugateli con un telo.

Sbucciate l'aglio, lavatelo e tritatelo; mondate il cipollotto privandolo delle radici, delle foglie esterne e della parte verde più dura, lavatelo e tritatelo grossolanamente.

Passate la ricotta al mixer insieme ai filetti di aringa tagliati a pezzettini; unite l'aglio e il cipollotto tritati, frullate fino a ottenere un composto liscio e omogeneo e insaporitelo con un pizzico di pepe. Raccogliete la crema di aringa in una ciotola e riponetela in frigorifero.

Fate tostare le fette di pancarré, private della crosta, nel forno già caldo a 200 °C per qualche minuto.

Sistemate i crostini su un piatto da portata, mettete la crema di aringa in una tasca da pasticciere con bocchetta dentellata, distribuitela a ciuffetti sui crostini e servite.

CROSTINI CON CAPRINI AL MIELE

INGREDIENTI PER 4 PERSONE

- ✔ 400 g di formaggio di capra di media stagionatura
- ✔ 1 cipolla
- ✔ 1 cucchiaio di uvetta
- ✔ 2 cucchiai di miele
- ✔ 4 fette di pane casereccio
- ✔ 4 cucchiai di aceto di vino rosso
- ✔ 2 cucchiai di olio d'oliva extravergine
- ✔ pepe in grani

DIFFICOLTÀ: Bassa

PREPARAZIONE: 10 minuti

COTTURA: 10 minuti

VINO: Friuli grave Sauvignon (bianco, Friuli-Venezia Giulia)

Moscato secco Pantelleria (bianco, Sicilia)

Sbucciate la cipolla, affettatela e fatela soffriggere in una padella antiaderente con l'olio. Bagnate con l'aceto e lasciate evaporare. Fate ammorbidire l'uvetta in una ciotola d'acqua tiepida, poi sgocciolatela e strizzatela.

Fate tostare le fette di pane nel forno già caldo a 200 °C per pochi minuti e tagliate il formaggio di capra a rondelle.

Sistemate una rondella di formaggio su ogni bruschetta e spolverizzate con una macinata di pepe. Appoggiatevi sopra una seconda rondella di formaggio e insaporite con altro pepe. Guarnite con l'uvetta, la cipolla soffritta, il miele leggermente intiepidito e servite.

LA VARIANTE

Per un'occasione speciale utilizzate al posto della cipolla la stessa quantità di scalogno, più raffinato, e invece del normale aceto, qualche goccia di quello balsamico, che esalterà il sapore dei crostini.

Crostini con formaggi

Ingredienti per 4 persone

- 8 fette di pane casereccio
- 40 g di parmigiano grattugiato
- 40 g di pecorino grattugiato
- 40 g di fontina grattugiata
- burro

Difficoltà: Bassissima

Preparazione: 10 minuti

Cottura: 15 minuti

Vino: San Severo Rosso (Puglia)

Sangiovese di Romagna (rosso, Emilia-Romagna)

Spalmate le fette di pane casereccio con un po' di burro e distribuitevi sopra i formaggi, che avrete già mescolato in una terrina.

Disponete le fette di pane su una placca, passatele nel forno già caldo a 180 °C per 15 minuti, finché i formaggi si saranno sciolti, e servite immediatamente.

La variante

Se amate i sapori decisi, spalmate le fette di pane, invece che con il burro, con senape di Digione del tipo "forte" o "dolce", a seconda del grado di piccantezza preferito.

Crostini con funghi

Ingredienti per 4 persone

- 600 g di funghi freschi coltivati
- 15 g di funghi secchi
- 1 spicchio di aglio
- 30 g di burro
- 8 fette di pancarré
- 1 cucchiaio raso di farina
- 1 ciuffo di prezzemolo
- 2 dl di latte
- 30 g di parmigiano grattugiato
- olio d'oliva extravergine
- foglie di lattuga
- sale e pepe

Difficoltà: Media

Preparazione: 15 minuti

Cottura: 20 minuti

Vino: Dolcetto di Dogliani (rosso, Piemonte)

Copertino Rosso (Puglia)

Mettete in ammollo i funghi secchi in acqua tiepida e private della crosta le fette di pancarré. Pulite i funghi freschi con una pezzuola umida ed eliminate le parti terrose con un coltellino. Affettateli e fateli rosolare in una casseruola con il burro e l'aglio.

Unite i funghi secchi ben sgocciolati, strizzati e tritati, regolate di sale e pepe e lasciate insaporire per qualche minuto. Spolverizzate con la farina, mescolate bene, diluite con il latte, eliminate lo spicchio d'aglio e portate a cottura a fuoco basso, mescolando di tanto in tanto con un cucchiaio di legno.

A cottura ultimata, incorporate al composto di funghi il parmigiano grattugiato e il prezzemolo tritato.

Ungete con un filo di olio le fette di pane e fatele tostare in forno caldo per qualche minuto, poi distribuite il composto preparato in parti uguali sopra i crostini e sistemateli a due a due sui piatti, guarnendoli con una foglia di lattuga.

Ingredienti per 4 persone

- 4 fette di pancarré
- 4 uova sode
- pomodori secchi sott'olio
- 1 mazzetto di basilico
- 40 g di bottarga di tonno
- 4 cucchiai di olio d'oliva extravergine
- pepe nero

Difficoltà: Bassa

Preparazione: 15 minuti

Cottura: 5 minuti

Vino: Vernaccia di Oristano (bianco, Sardegna)

Valdichiana Chardonnay (bianco, Toscana)

Crostini con uova e bottarga

Lavate e asciugate il basilico. Eliminate la pellicina esterna della bottarga e tritatela con il basilico. Trasferite il composto ottenuto in una terrina, incorporate l'olio a filo e insaporite con una generosa macinata di pepe. Mescolate bene e tenete da parte.

Private le fette di pancarré della crosta e tagliatele ciascuna in 4 triangolini. Sistemateli in un solo strato su una placca foderata con carta da forno leggermente bagnata e fateli tostare nel forno già caldo a 200 °C da entrambi i lati per circa 4 minuti. Sgocciolate i pomodori dall'olio di conservazione e sgusciate e tagliate le uova a rondelle.

Disponete 1 rondella di uovo sodo su metà dei triangolini di pancarré, sovrapponetevi un pomodoro secco, un'altra rondella di uovo e terminate con un altro pomodoro secco, fissando i vari strati delle tartine con uno stecchino di legno. Eseguite la stessa operazione con i crostini rimasti, invertendo però l'ordine degli ingredienti. Completate con il condimento alla bottarga e servite in tavola su un piatto da portata.

Crostini con uova e ricotta

Ingredienti per 4 persone

- 8 fettine di pane casereccio
- 160 g di ricotta
- 4 uova
- 60 g di parmigiano grattugiato
- 60 g di burro
- sale

Difficoltà: Bassa

Preparazione: 15 minuti

Cottura: 5 minuti

Vino: Trebbiano di Romagna (bianco, Emilia-Romagna)

Sbattete le uova in una terrina con un po' di sale e immergetevi le fette di pane, quindi fatele dorare da entrambi i lati in una padella antiaderente con il burro.

Lavorate la ricotta in una terrina con il parmigiano.

Trasferite il pane su un piatto da portata, spalmatevi sopra il composto di ricotta e servite.

Crostini di cipolla al pecorino

Ingredienti per 4 persone

- 2 fette di pane casereccio
- 1 cipolla
- 40 g di pecorino
- 3 cucchiai di olio d'oliva extravergine
- pepe

Difficoltà: Bassissima

Preparazione: 10 minuti

Cottura: 10 minuti

Vino: Albana di Romagna (bianco, Emilia-Romagna)

Sbucciate la cipolla, tagliatela a fettine sottili e fatela appassire in un tegame con l'olio.

Tagliate ogni fetta di pane in 4 e fate tostare i rettangoli nel forno già caldo a 200 °C.

Distribuite sui crostini la cipolla con il fondo di cottura, cospargete con il pecorino grattugiato, il pepe e passateli nel forno caldo per 30 secondi e servite.

Crostini di sedano, fagiolini, olive e acciughe

Ingredienti per 4 persone

- 300 g di fagiolini bianchi
- 3 coste di sedano
- 60 g di olive verdi snocciolate
- 60 g di olive nere snocciolate
- 4 acciughe sott'olio
- 1 spicchio d'aglio
- peperoncino tritato
- 1 mazzetto di prezzemolo
- 8 fette di pane
- 4 cucchiai di olio d'oliva extravergine
- sale

Difficoltà: Bassa

Preparazione: 30 minuti

Cottura: 20 minuti

Vino: Riviera Ligure di Ponente Pigato (bianco, Liguria)

Sciacca Bianco (Sicilia)

Lavate e spuntate i fagiolini; lavate il sedano, eliminate i filamenti e la base dura delle coste e tagliatelo in pezzi lunghi circa 10 cm. Sbollentate le verdure in acqua leggermente salata per 5 minuti, quindi sgocciolatele con cura e tagliatele a pezzetti.

Tenete da parte qualche oliva nera e tritate le altre insieme a quelle verdi, alle acciughe, all'aglio e al prezzemolo lavato e mondato.

Scaldate l'olio in una padella e fatevi soffriggere il trito di olive e acciughe, unitevi le verdure sbollentate con le olive intere e fate saltare a fuoco vivo per 10 minuti. Regolate di sale e aggiungete un pizzico di peperoncino.

Tostate le fette di pane nel forno già caldo a 200 °C per pochi minuti. Mettete in un piatto una presa di sale, un pizzico di peperoncino e un filo d'olio. Passatevi il pane tostato, distribuitevi sopra le verdure e servite in tavola.

Crostini di Spoleto al tartufo nero

Ingredienti per 4 persone

- 2 filoncini di pane tagliati in 16 fettine rotonde
- 150 g di tartufi neri
- 2-3 filetti d'acciuga sott'olio
- olio d'oliva extravergine
- 30 g di burro
- il succo di 1/2 limone
- 1 spicchio d'aglio
- sale

Difficoltà: Bassa

Preparazione: 15 minuti più 1 ora di riposo

Cottura: 10 minuti

Regione: Umbria

Vino: Orvieto Classico (bianco, Umbria)

Valcalepio Bianco (Lombardia)

Pulite accuratamente i tartufi con uno spazzolino, tagliateli a pezzetti e passateli al mixer fino a ridurli quasi in poltiglia. Versate l'olio in un tegame e fatevi soffriggere lo spicchio d'aglio sbucciato.

Eliminate l'aglio e aggiungete i tartufi tritati, il burro e un pizzico di sale. Mescolate fino a ottenere una crema omogenea, quindi diluite con il succo di limone, aggiungete i filetti di acciuga, sgocciolati e finemente tritati, e regolate di sale a piacere.

Fate tostare le fette di pane nel forno già caldo a 200 °C da entrambi i lati per pochi minuti, quindi irroratele con un po' d'olio e disponetevi sopra la crema di tartufi. Lasciate riposare i crostini per 1 ora prima di servirli.

Il consiglio

La stessa crema, senza succo di limone, fatta cuocere con 0,5 dl d'olio, a fuoco basso, per 10 minuti, è perfetta per condire le fettuccine.

Crostoni con uova, funghi e mozzarella

Ingredienti per 4 persone

- 2 panini rotondi
- 4 uova
- 8 cucchiai di salsa di pomodoro
- 200 g di funghi champignon
- 2 cucchiai di olio d'oliva extravergine
- 80 g di mozzarella
- 1 spicchio d'aglio
- sale e pepe

Difficoltà: Media

Preparazione: 20 minuti

Cottura: 40 minuti

Vino: Roero Arneis (bianco, Piemonte)

Fiano di Avellino (bianco, Campania)

Tagliate a metà i panini in senso orizzontale, metteteli su una placca coperta con carta da forno e distribuite su ogni metà 1 cucchiaio di salsa di pomodoro.

Pulite i funghi con un coltellino, privandoli della parte terrosa, lavateli rapidamente in acqua fredda, asciugateli delicatamente con un telo, tagliateli a fettine.

Fate cuocere i funghi in un tegame con l'olio e lo spicchio d'aglio per 15-20 minuti, insaporiteli con un pizzico di sale una macinata di pepe, unite la salsa di pomodoro rimasta e togliete l'aglio.

In un pentolino, preparate le uova affogate e mettetene una su ciascun mezzo panino, coprite con i funghi, adagiate una fettina di mozzarella su ogni porzione, passate nel forno a 170 °C per 15 minuti e servite in tavola.

Crostoni di pane di segale con fontina e funghi

Ingredienti per 4 persone

- 8 fette di pane di segale
- 250 g di fontina
- 150 g di prosciutto crudo a fette
- 400 g di funghi assortiti (porcini, chiodini e altro)
- 1 scalogno
- 40 g di burro
- 20 g di farina
- 1 dl di vino bianco
- 1 dl di brodo di carne ristretto
- 1 dl di panna
- 10 g di prezzemolo
- maggiorana
- sale e pepe nero

Difficoltà: Bassa

Preparazione: 15 minuti

Cottura: 20 minuti

Vino: Valle d'Aosta Torrette (rosso, Valle d'Aosta)

Collio Merlot (rosso, Friuli-Venezia Giulia)

Pulite il prezzemolo e tritatelo finemente. Pulite i funghi privandoli della parte terrosa, strofinateli delicatamente con un telo e affettateli con un coltellino tagliente. Tagliate a fettine sottili la fontina.

Scaldate il burro in un tegame e unitevi lo scalogno tritato con i funghi. Fate cuocere per 4 minuti, salate, pepate e aggiungete la farina a pioggia, mescolando.

Bagnate con il vino e il brodo, lasciando sobbollire per circa 5 minuti; versate quindi la panna, unite la maggiorana e cuocete tutto ancora per pochi minuti.

Nel frattempo, fate tostare le fette di pane nel forno già caldo a 200 °C per qualche minuto, quindi adagiatevi sopra le fette di prosciutto. Disponete i funghi sulle fette di pane e prosciutto, coprite con la fontina e fate gratinare leggermente nel forno. Cospargete di prezzemolo e servite in tavola.

Crostoni di pesce spada, arance e mandorle

Ingredienti per 4 persone

- 8 fette di pane casereccio
- 8 fette di pesce spada affumicato
- 1 arancia
- olio d'oliva extravergine
- 2 cucchiai di capperi
- 2 cucchiai di aceto di vino bianco
- 1 mazzetto di basilico e mentuccia
- 12 mandorle pelate e tagliate a julienne
- sale e pepe

Difficoltà: Bassa

Preparazione: 20 minuti

Cottura: 5 minuti

Vino: Collio Sauvignon (bianco, Friuli-Venezia Giulia)

Pelate al vivo l'arancia e tagliate poi gli spicchi a tocchetti. Tagliate a julienne il pesce spada e le mandorle separatamente, lavate e asciugate le erbe aromatiche e tritatele.

Unite in una ciotola l'olio, l'aceto, i capperi, le mandorle, il trito di erbe e un pizzico di sale e pepe.

Aggiungetevi tocchetti di arancia e il pesce spada, mescolate e lasciate riposare per qualche minuto.

Nel frattempo, tostate le fette di pane nel forno già caldo a 200 °C per pochi minuti, distribuitevi sopra il composto e servite.

Definizione

Pelare al vivo. Operazione che si esegue sugli agrumi, quando, oltre alla scorza, si vuole togliere la pellicina che ricopre gli spicchi. Si compie con un coltellino affilato e seghettato.

Dischetti di pane con acciughe e capperi

Ingredienti per 4 persone

- 8 fette di pancarré integrale
- 40-50 g di burro
- 8 filetti di acciuga sott'olio
- 1 cucchiaio di capperi
- 3 cucchiai di vino bianco

Difficoltà: Bassa

Preparazione: 15 minuti

Cottura: 5 minuti

Vino: Aversa Asprinio (bianco, Campania)

Riviera Ligure di Ponente Vermentino (bianco, Liguria)

Sgocciolate i filetti d'acciuga, spezzettateli e tritateli grossolanamente con i capperi.

Lavorate delicatamente il burro, ammorbidito a temperatura ambiente, in una terrina, quindi amalgamatevi i filetti d'acciuga e i capperi tritati e il vino.

Private le fette di pancarré della crosta e, servendovi di uno stampino, ricavatene tanti piccoli dischetti.

Fate tostare i dischetti di pane nel forno già caldo a 200 °C da entrambi i lati per pochi minuti e poi distribuitevi sopra il composto di capperi e acciuga.

Disponete i dischetti di pane in una teglia ricoperta di carta da forno e passate nel forno già caldo a 180 °C per qualche minuto.

Trasferite i dischetti su un piatto da portata e serviteli immediatamente ben caldi.

Tartine al salmone con mascarpone

Ingredienti per 4 persone

- 4 fette di pancarré
- 60 g di filetti di salmone affumicato
- 40 g di parmigiano grattugiato
- 60 g di mascarpone
- 8 olive nere

Difficoltà: Bassissima

Preparazione: 15 minuti

Cottura: 5 minuti

Vino: Franciacorta (bianco, Lombardia)

Tritate finemente 40 g di salmone affumicato e mescolatelo in una ciotolina con il parmigiano e il mascarpone fino a ottenere un composto cremoso e omogeneo.

Utilizzando un coltello private le fette di pancarré della crosta, tagliatele a triangolo e fatele tostare nel forno già caldo a 200 °C da entrambi i lati per pochi minuti, quindi spalmatele con la crema al salmone preparata.

Disponete le tartine su un piatto da portata, guarnitele con i filetti di salmone rimasti e con le olive tagliate a fettine sottili e servite.

La variante

Mescolate il salmone tritato anziché con mascarpone e parmigiano, con caprino e aneto tritato e guarnite le tartine non con olive, ma con pepe rosa.

Tartine alle erbe con ricotta

Ingredienti per 4 persone

- 100 g di formaggio tenero (tipo ricotta o robiola)
- 1 mazzetto di basilico
- 1 mazzetto di prezzemolo
- 1 mazzetto di maggiorana
- 8 fette di pancarré
- 1 pomodoro maturo
- sale e pepe

Difficoltà: Bassissima

Preparazione: 15 minuti

Cottura: Nessuna

Vino: Fiano di Avellino (bianco, Campania)

Lugana (bianco, Veneto)

Lavate e asciugate il pomodoro e tagliatelo a spicchi. Lavate, asciugate e tritate le erbe aromatiche.

Amalgamate in una ciotolina il formaggio e il trito di erbe, lavorandoli con una forchetta, quindi insaporite il composto ottenuto con un pizzico di sale e una macinata di pepe.

Private le fette di pancarré della crosta, dividetele a metà e spalmatevi sopra il composto preparato.

Disponete le tartine su un piatto da portata, decorate ciascuna con qualche spicchio di pomodoro e servite in tavola.

Tartine alle noci con prosciutto

Ingredienti per 4 persone

- 80 g di prosciutto crudo
- 100 g di gherigli di noce
- 2 cetriolini sottaceto
- 80 g di burro
- 8 fette di pancarré

Difficoltà: Bassa

Preparazione: 30 minuti

Cottura: 5 minuti

Vino: Teroldego Rotaliano Rosato (Trentino-Alto Adige)

Cirò Rosato (Calabria)

Lasciate il burro a temperatura ambiente per qualche minuto, quindi lavoratelo in una ciotolina fino a renderlo cremoso. Private il prosciutto del grasso e tritatelo con i gherigli di noce e i cetriolini. Unite il composto ottenuto alla crema di burro e, con un cucchiaio di legno, mescolate bene il tutto.

Private le fette di pancarré della crosta e fatele tostare nel forno già caldo a 200 °C da entrambe le parti per pochi minuti.

Spalmate le fette di pane con la crema di noci e prosciutto, trasferite su un piatto da portata e servite.

L'ingrediente

Noci. Il frutto del noce, una pianta dal legno pregiato di origine asiatica, ma diffusa in tutta Europa, è costituito da una parte verde carnosa, il mallo, che racchiude la noce vera e propria, di forma ovale e dal guscio legnoso. Al suo interno si trova il seme, o gheriglio, che è poi la parte commestibile. La varietà più pregiata è l'italiana "noce di Sorrento", dal guscio liscio e dal gheriglio carnoso.

Tramezzini caldi alla robiola e prosciutto

Ingredienti per 4 persone

- 4 fette di pane per tramezzini
- 100 g di robiola
- 80 g di prosciutto crudo a fettine
- 2 cucchiai di olio d'oliva extravergine
- 1 rametto di rosmarino
- sale e pepe nero

Difficoltà: Bassissima

Preparazione: 20 minuti

Cottura: 5 minuti

Vino: Colli Piacentini Sauvignon (bianco, Emilia-Romagna)

Corvo Bianco (Sicilia)

Fate tostare le fette di pane nel forno a 200 °C da entrambi i lati per pochi minuti.

Disponete 2 fette di pane tostato su un tagliere, spalmatevi la robiola e distribuitevi sopra le fette di prosciutto crudo, a cui avrete tolto il grasso in eccesso.

Spolverizzate con una macinata di pepe e ricoprite i tramezzini con le altre 2 fette di pane tostato.

Tagliate ogni sandwich di pane farcito in 4 triangolini, in modo da ottenere 8 tramezzini. Insaporiteli con il rosmarino lavato, asciugato e tritato e con un'altra macinata di pepe e portate in tavola.

Definizione

Spolverizzare. Con questo termine è indicata l'operazione con cui una preparazione viene cosparsa con un ingrediente (erbe aromatiche, spezie, formaggi, zucchero ecc.) ridotto in polvere o finemente tritato.

Tramezzini con gamberetti e zucchine

Ingredienti per 4 persone

- 2 fette di pane per tramezzini di 50 g l'una
- 150 g di gamberetti sgusciati
- 1 limone non trattato
- 1 cucchiaio di Cognac
- 50 g di burro ammorbidito
- 1 zucchina
- salsa Worcester
- sale e pepe rosa in grani

Difficoltà: Media

Preparazione: 20 minuti

Cottura: 15 minuti

Vino: Bianco di Custoza (Veneto)

Taburno Falanghina (bianco, Campania)

Lessate i gamberetti in acqua bollente salata per 5 minuti, sgocciolateli, asciugateli e passateli al mixer con la scorza di 1/2 limone e il succo dell'agrume, qualche goccia di salsa Worcester, una presa di sale, 2-3 grani di pepe rosa e il Cognac.

Trasferite il composto in una terrina e lavoratelo con una frusta unendo poco alla volta il burro a fiocchetti fino a quando non risulterà gonfio e omogeneo.

Lavate e spuntate la zucchina, tagliatela a fettine sottili nel senso della lunghezza e sbollentatele in acqua salata per qualche secondo. Sgocciolatele e immergetele subito in una ciotola con acqua ghiacciata, sgocciolatele di nuovo e asciugatele.

Spalmate il composto di gamberetti su una delle due fette di pane; distribuitevi le fettine di zucchina e appoggiatevi sopra l'altra fetta di pane. Tagliate i tramezzini in tanti triangolini e servite.

Tramezzini con spuma di prosciutto

Ingredienti per 4 persone

- 8 fette di pancarré integrale
- 80 g di prosciutto cotto
- 100 g di prosciutto cotto affumicato
- 150 g di robiola
- 1 dl di panna
- 1 peperone giallo
- 1 mazzetto di erba cipollina
- 2 carote
- 1 costa di sedano verde
- sale

Difficoltà: Bassa

Preparazione: 20 minuti

Cottura: Nessuna

Vino: Montepulciano d'Abruzzo Cerasuolo (rosato, Abruzzo)

Bardolino Chiaretto (rosato, Veneto)

Passate al mixer i 2 tipi di prosciutto con un po' di sale e la robiola fino a ottenere una crema omogenea. Trasferitela in una terrina, unite 1 cucchiaio di erba cipollina tagliuzzata, la panna montata e amalgamate il tutto con una spatola.

Pulite le verdure, tagliatele a julienne e sbollentatele separatamente in acqua salata. Sgocciolatele, raffreddatele sotto acqua corrente e asciugatele.

Spalmate le fette di pane con la mousse di prosciutto, poi allineatene 3 su un tagliere. Distribuitevi sopra il sedano, copritele con un'altra fila di fette di pane, disponetevi sopra uno strato di peperone e terminate chiudendo con le ultime fette di pane, appoggiando sul peperone il lato spalmato di mousse.

Schiacciate i tramezzini con il palmo della mano per compattarli, tagliateli in tanti triangolini e servite.

Tramezzini con uova sode e maionese

Ingredienti per 4 persone

- 4 fette di pane per tramezzini
- 4 cucchiai di maionese
- 2 uova sode
- 2 cipollotti
- 4 pomodori piccoli e sodi
- 8 filetti di acciuga sott'olio
- Tabasco
- sale

Difficoltà: Bassissima

Preparazione: 20 minuti

Cottura: 10 minuti

Vino: Falerno del Massico Bianco (Campania)

Valle Venosta Pinot Grigio (bianco, Trentino-Alto Adige)

Sgusciate le uova sode e tagliatele a fettine sottili. Lavate e asciugate i pomodori, tagliateli a fette dello spessore di 2-3 mm e privateli dei semi. Pulite i cipollotti e affettateli.

In una ciotolina, mescolate la maionese con un pizzico di sale e qualche goccia di Tabasco.

Spalmate le fette di pane con la maionese, copritene 2 con i cipollotti, le acciughe, i pomodori e le uova e chiudete con le fette di pane rimaste, con la parte spalmata rivolta verso il ripieno.

Premete leggermente il pane per tramezzini usando il matterello, quindi tagliate i tramezzini in tanti triangolini e servite in tavola.

STUZZ

STUZZICHINI

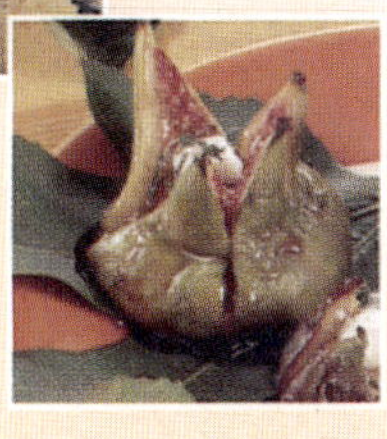

SNACK E STUZZICHINI

Con il termine "stuzzichini" si intendono tutte quelle preparazioni di dimensione ridotta che si possono consumare "in un solo boccone". Ideali da servire in apertura di un party o in un buffet, curandone in particolare la presentazione.

Perfetti per un buffet o per accompagnare un aperitivo, gli stuzzichini, grazie alla loro varietà, hanno il grande pregio di soddisfare tutti: dai bambini ai più raffinati gourmet.

Se si guarda al significato letterale del termine, dovrebbero chiamarsi "stuzzichini" tutti gli antipasti, in quanto, proprio perché serviti all'inizio di un pranzo, avrebbero la funzione di "stuzzicare" l'appetito in vista delle pietanze servite in seguito.

In realtà, il significato che oggi il termine ha assunto è più circoscritto e si riferisce, appunto, al tipo di preparazioni raccolte in questa sezione: piccoli snack, che si consumano in uno o, al massimo, due bocconi e che possono non richiedere l'uso né di piatti né di posate, permettendo, magari, di muoversi liberamente con un bicchiere in una mano e uno stuzzichino nell'altra.

Sono perciò l'ideale per tutte quelle occasioni, più o meno informali, di festa. E proprio perché si parla di occasioni particolari, è opportuno saper dare un aspetto "festoso" ai piatti che verranno serviti.

UNA SCELTA VASTA E VARIEGATA

Le preparazioni degli stuzzichini sono varie ed eterogenee sia per gli ingredienti da utilizzare sia per le tecniche di lavorazione e vanno, solo per citarne alcuni, dagli involtini di verdure o di salmone affumicato alle palline di riso all'acciuga, dalle verdure ripiene alle frittatine a cubetti, dalle lumache alle rane, dai crostini di polenta alle capesante gratinate.

PREPARARE IN ANTICIPO

In generale gli stuzzicchini sono preparazioni di facile e quasi sempre rapida esecuzione, che spesso possono essere preparate in anticipo e, se vanno servite calde, passate in forno o sotto il grill all'ultimo momento.

Alcuni stuzzichini possono essere preparati anche con un paio di giorni di anticipo e riposti in frigorifero. Altri, quali polpettine, involtini, palline di riso e salatini, possono essere congelati, procedendo in questo modo: fate raffreddare le preparazioni, quindi disponetele su dei vassoi foderati con carta da forno e metteteli nel freezer. Una volta congelati, togliete gli stuzzichini dai vassoi e riponeteli negli appositi sacchetti per surgelare i cibi, togliendo quanta più aria possibile. In alternativa, potete disporre i cibi a strati alternati con fogli di carta da forno in contenitori a chiusura ermetica e poi congelarli.

DECORAZIONE

Nei piatti in genere, ma soprattutto negli antipasti, la presentazione svolge un ruolo importante, quasi quanto la preparazione del cibo stesso: i colori devono armonizzarsi, i profumi sedurre, i sapori stuzzicare la fantasia. Le decorazioni devono inoltre essere sempre realizzate con alimenti freschissimi e non essere eccessivamente grandi per non sovrastare la preparazione principale.

Tipi di decorazioni

Oltre che con la gelatina a dadini o ritagliata con formine e stampini si possono realizzare guarnizioni e decorazioni con uova sode tagliate a spicchi o a rondelle, spicchi e fette di limone, listarelle di peperone giallo, rosso e verde, foglie di

IL CONSIGLIO

Quando si organizza un party, il numero di pezzi da servire dipende dal tipo di party In generale, per un semplice aperitivo che precede una cena, ne basteranno 3-5; per un buffet freddo, in cui gli antipasti sostituiscono tutte le portate, calcolatene invece 8-12 pezzi a testa.

IL CONSIGLIO

Strumento utilissimo per creare decorazioni con composti semidensi, la tasca da pasticciere, una volta riempita, deve sempre essere ben chiusa, girando la parte superiore del sacchetto di tela in modo da formare una sorta di nodo: eviterete così che il composto fuoriesca dall'alto.

insalata, erbe, zucchine ridotte a spirale e altro.

Con elementi decorativi di forma geometrica (falde di peperone tagliate a rombi, quadrati o rondelle di carote, cetrioli e altro ancora), oltre che sull'abbinamento dei colori, si può giocare anche sull'accostamento di forme uguali ma di dimensioni diverse oppure di forme tra loro differenti. Le decorazioni a base di fettine o di rondelle possono essere disposte leggermente sovrapposte o semplicemente distanziate o ancora intervallate da altri elementi ornamentali.

Un elegante elemento di decorazione può essere costituito da piccoli fasci di carote o radici tagliate a julienne e poi legati con uno stelo di erba cipollina o con striscioline della parte verde di cipollotti e porri.

Per servire olive o sottaceti, per esempio, si può ricavare un cestino da mezzo pompelmo, privato della polpa e appiattito alla base eliminando una fettina per farlo stare dritto.

è importante che sia la frutta sia le verdure utilizzate siano perfettamente lavate e asciugate e non siano troppo mature. Utilizzate solo agrumi non trattati e, se usate la frutta polpa bianca, ricordate di sfregarne la superficie dopo averla pelata, altrimenti potrebbe assumere uno sgradevole colore scuro.

Con maionese o mousse, di consistenza densa o semidensa, e con l'aiuto di una tasca da pasticciere si possono creare elementi decorativi per guarnire gli stessi antipasti o i piatti su cui verranno portati in tavola.

Se, infine, le ricette prevedono l'accompagnamento di una salsa, potete usarla per creare decorazioni: per esempio, distribuendone un velo sul fondo del piatto da portata e poi disponendovi sopra gli stuzzichini, oppure formando dei disegni versandola a filo lungo il bordo del piatto.

Per realizzare i diversi tipi di tagli ed elaborazioni cui si prestano in particolare agrumi e ortaggi (alcuni sono illustrati nelle pagine seguenti) sono necessari una serie di attrezzi, tra i quali non devono mancare un coltellino bene affilato e appuntito, uno a lama ondulata, uno a lama seghettata, un pelapatate ad archetto, un rigalimoni e scavini di diverse misure.

DECORARE CON FRUTTA E VERDURA

ROTELLE DI CETRIOLO

1 *Prendete dei cetrioli sodi e della stessa dimensione, lavateli, asciugateli e spuntateli.*

2 *Praticate su ciascun cetriolo con l'aiuto di un rigalimoni tante strisce nel senso della lunghezza in modo omogeneo.*

3 *Affettate, infine, i cetrioli così preparati a rondelle sottili. La stessa operazione può essere effettuata con le zucchine.*

ELICHE DI LIMONE

1 *Con l'aiuto di un rigalimoni formate, partendo dall'alto, tante scanalature equamente distanziate l'una dall'altra.*

2 *Spuntate il limone e tagliatelo a fette sottili nel senso della larghezza.*

3 *Praticate su ogni fetta un taglio che vada dal centro fino alla scorza, quindi ruotate le due parti in direzione opposta formando una piccola elica.*

VENTAGLI DI RAVANELLI

1 *Staccate le foglie ai ravanelli, privateli della radice e affettateli.*

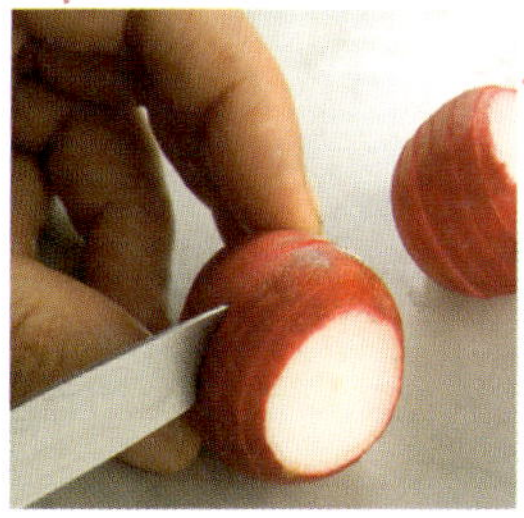

2 *Immergete i ravanelli per qualche ora in una ciotola riempita con acqua e ghiaccio affinché le fettine si aprano leggermente a ventaglio.*

3 *Sgocciolate i ravanelli, asciugateli tamponandoli con carta da cucina e poi utilizzateli per decorare la preparazione.*

Boccioli di zucchina

1 Tagliate le zucchine, a nastro per il lungo servendovi di un pelapatate e poi, con un coltellino, praticate su ogni nastro tante incisioni trasversali.

2 Prendete ciascun nastro di zucchina e arrotolatelo su se stesso.

3 Fissate il bocciolo ottenuto sovrapponendo i "petali" alla base e poi allargate leggermente con le dita la parte superiore per formare il fiore.

Fiori di peperoncino

1 Private i peperoncini della punta e con un coltellino affilato praticate tante incisioni sottili per il lungo.

2 Aprite le falde dei peperoncini e sciacquateli sotto l'acqua in modo da eliminare i semi.

3 Immergete i peperoncini in una ciotola con acqua e ghiaccio per 1 ora, così che le frange assumano la forma di piccoli petali, infine sgocciolateli.

Roselline di rapa

1 Scegliete delle rape bianche, spuntatele e poi tagliatele a tronchetti di circa 5 cm.

2 Servendovi di un coltellino affilato, formate delle lamelle sfalsate tra loro a forma di petalo lungo tutta la circonferenza della rapa.

3 Con la punta del coltello aprite leggermente i petali facendo molta attenzione a non spezzarli.

Rose di pomodoro

1 Tagliate a spirale la buccia del pomodoro fino a ottenere un'unica lunga striscia.

2 Prendete la striscia di buccia, arrotolatela su se stessa e terminate inserendo l'estremità della striscia alla base della rosellina.

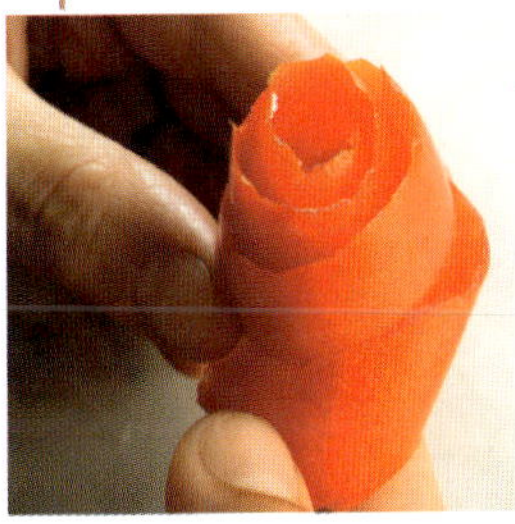

3 Completate l'effetto decorativo, inserendo alla base di ciascuna rosellina di pomodoro un piccolo rametto di basilico.

Riccioli di cipollotto

1 Prendete la parte più tenera e chiara dei gambi di cipollotto, lavatela e asciugatela con carta da cucina.

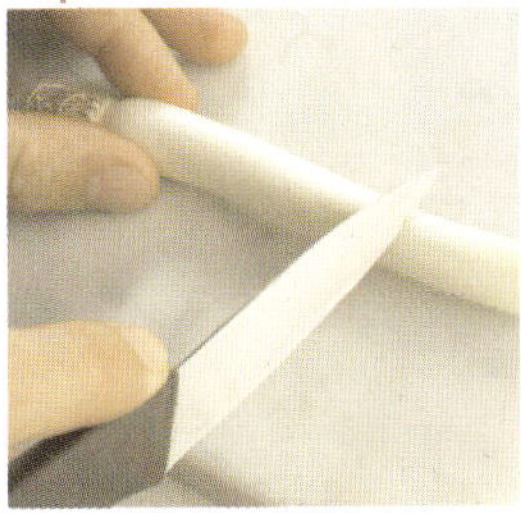

2 Praticate tante incisioni nel senso della lunghezza.

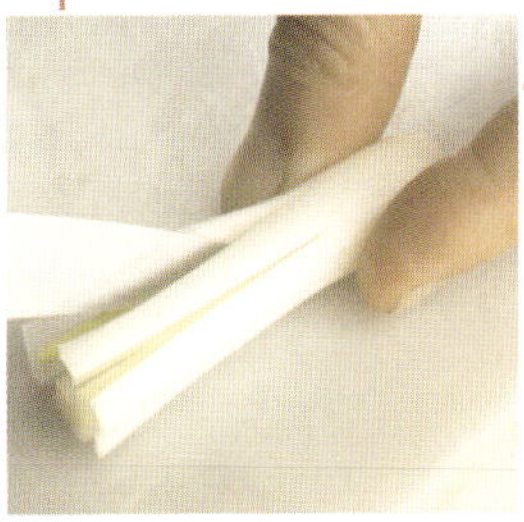

3 Immergete per 30 minuti i gambi di cipollotto in una ciotola con acqua ghiacciata, in modo che si arriccino verso l'esterno, poi sgocciolateli e asciugateli.

Vaschette di melone

1 Scegliete dei meloni di piccola dimensione e usando un coltellino affilato praticate un taglio a zig-zag lungo l'intera circonferenza.

2 Dividete i meloni a metà e servendovi di un cucchiaio eliminate i semi che si trovano all'interno.

3 Con uno scavino ricavate dalla polpa dei meloni tante palline regolari che potrete utilizzare per altre decorazioni.

Ingredienti per 4 persone

- 4 pere non troppo mature
- 5 dl di spumante secco
- 1 foglia di alloro
- 1 stecca di cannella di 3 cm
- 200 g di mascarpone
- 30 g di parmigiano grattugiato
- 30 g di pistacchi sgusciati
- sale

Difficoltà: Bassa

Preparazione: 20 minuti

Cottura: 20 minuti

Vino: Prosecco di Valdobbiadene (bianco, Veneto)

Barchette di pere al mascarpone

Lavate le pere, asciugatele e, servendovi di un rigalimoni, praticate delle incisioni sulla buccia. Portate a ebollizione in un tegame lo spumante con 3 dl di acqua, la cannella, l'alloro e un pizzico di sale. Immergetevi quindi le pere e fatele cuocere per 20 minuti a fuoco basso.

Sgocciolate le pere e lasciatele raffreddare. Dividetele a metà e scavatene la polpa, lasciandone uno strato di 0,5 cm di spessore, quindi frullate la polpa asportata.

Mescolate in una terrina il mascarpone e il parmigiano grattugiato con la polpa frullata delle pere fino a ottenere una crema omogenea. Riempite le mezze pere con il composto ottenuto, cospargetele con i pistacchi tritati e servite.

Il consiglio

Particolarmente indicate per la preparazione di questa ricetta sono le pere William. Infatti la loro polpa bianca, succosa, di sapore dolce-acidulo, possiede un aroma moscato caratteristico, che ben si sposa con il gusto tondo e cremoso del mascarpone. Acquistatele dure, ancora un po' acerbe, e portatele a maturazione a casa, tenendole in un sacchetto di carta marrone a temperatura ambiente per qualche giorno.

Bresaola in barchetta

Ingredienti per 4 persone

- 14 fette di bresaola
- 1 cucchiaino di rafano grattugiato
- 1 cespo di insalata belga
- 160 g di formaggio morbido
- 1 dl di panna
- 1/2 cucchiaino di prezzemolo tritato
- erba cipollina
- 1/2 cucchiaino di cipolla finemente tritata
- 1 cucchiaino di gherigli di noce
- qualche foglia di prezzemolo
- pepe

Difficoltà: Bassa

Preparazione: 30 minuti

Cottura: Nessuna

Vino: Bolgheri Rosato (Toscana)

Garda Classico Chiaretto (rosato Lombardia)

Lavate sotto acqua corrente 12 foglie di insalata e asciugatele delicatamente. Montate la panna a neve fermissima.

In una terrina, ammorbidite il formaggio mescolando con un cucchiaio di legno, quindi incorporatevi la panna montata e dividete il composto in 3 ciotoline. In una ciotolina amalgamate la cipolla, il prezzemolo tritato e una macinata di pepe; in un'altra il rafano; nell'ultima i gherigli di noce tritati e altro pepe.

Spalmate le fette di bresaola con le creme preparate (4 per ogni tipo), arrotolatele su se stesse, chiudetele con uno stelo di erba cipollina e mettetele nelle foglie di insalata. Distribuite le barchette su un piatto da portata, disponendole a gusti alternati e con le punte sempre rivolte verso l'esterno.

Con le 2 rimanenti fette di bresaola formate 2 rosette, mettetele al centro del piatto decorandole con i ciuffetti di prezzemolo e servite.

Caciu all'argintera

Ingredienti per 4 persone

- 400 g di caciocavallo piccante (possibilmente di Ragusa)
- 1 spicchio d'aglio
- 3 cucchiai d'olio d'oliva extravergine
- 1 cucchiaio di aceto di vino bianco
- origano
- 1/2 cucchiaino di zucchero

Difficoltà: Bassissima

Preparazione: 5 minuti

Cottura: 10 minuti

Regione: Sicilia

Vino: Contessa Entellina Rosso (Sicilia)

Montecucco Rosso (Toscana)

Tagliate il formaggio a fettine non troppo sottili. Scaldate bene l'olio in una padella antiaderente e soffriggetevi l'aglio schiacciato.

Eliminate l'aglio e fate dorare nell'olio le fettine di formaggio da entrambi i lati.

A cottura ultimata, spruzzate le fettine di formaggio con l'aceto, insaporitele con l'origano e spolverizzatele con lo zucchero.

Disponete il formaggio su un piatto da portata e servitelo subito, ancora caldissimo.

Definizione

All'argintera. Questa preparazione è così chiamata perché la tradizione siciliana ne attribuisce la creazione a un argentiere fallito che, non potendosi più permettere di comprare la carne, molto costosa, inventò questa ricetta a base di formaggio, il cui profumo gli ricordava i buoni manicaretti di un tempo.

Cialdine di parmigiano con pâté di fave

Ingredienti per 4 persone

- 100 g di parmigiano grattugiato
- 400 g di fave fresche sgusciate
- 2 rametti di menta
- 2 cucchiai di pinoli
- 1 spicchio d'aglio
- 4 cucchiai di olio d'oliva extravergine
- sale e pepe nero in grani

Difficoltà: Media

Preparazione: 20 minuti

Cottura: 15 minuti

Vino: Trebbiano di Romagna (bianco, Emilia-Romagna)

Vernaccia di San Gimignano (bianco, Toscana)

Lessate le fave per 10 minuti in acqua bollente poco salata. Tenetene da parte 2 cucchiai e passate le restanti al mixer con metà delle foglie di menta lavate e metà dei pinoli, l'aglio e 1 cucchiaino di parmigiano. Unite l'olio e regolate di sale.

Dividete il parmigiano rimasto in 8 parti e sistematelo in mucchietti su una placca foderata con carta da forno. Appiattite i mucchietti con il dorso di un cucchiaio e fateli cuocere nel forno precedentemente riscaldato a 220 °C per 4-5 minuti.

Estraete le cialdine dal forno e appoggiatele subito sopra un matterello in modo che, raffreddandosi, prendano una forma curva.

Con il pestacarne, pestate grossolanamente 1 cucchiaio di pepe, poi tostate i pinoli rimasti in un tegame antiaderente. Infine, distribuite il pâté di fave in 4 ciotoline e completate con il pepe pestato, le fave intere, i pinoli tostati e le foglioline di menta rimaste. Servite il pâté di fave con le cialdine di parmigiano.

1 Private le fave dalla pellicina prima di passarle al mixer con la menta, lavata e asciugata.

2 Appiattite leggermente i mucchietti di parmigiano con il dorso di un cucchiaio e teneteli distanziati tra loro.

3 Appoggiate le cialdine sopra un matterello non appena le avrete tolte dal forno.

Ingredienti per 4 persone

- 50 g di burro
- 160 g di parmigiano grattugiato
- 150 g di puntarelle
- 1 cuore di sedano verde
- 1 piccolo scalogno
- 1 cucchiaio di succo di limone
- 2 cucchiai di olio d'oliva extravergine
- sale e pepe

Difficoltà: Media

Preparazione: 20 minuti

Cottura: 10 minuti

Vino: Lambrusco di Sorbara Rosso (Emilia-Romagna)

Freisa di Chieri (rosso, Piemonte)

Coppette di parmigiano

Sciogliete in una padellina antiaderente un pezzetto di burro, poi unitevi 40 g di parmigiano grattugiato, stendendolo bene.

Fate dorare il formaggio su fuoco basso, prelevatelo con una paletta e adagiatelo sul fondo di un grande bicchiere capovolto. Copritelo con carta da forno e modellate con le dita dando al bordo della coppetta una forma ondulata. Eliminate la carta e lasciate solidificare. Ripetete l'operazione per altre 3 volte.

Pulite le puntarelle e tagliatele a listarelle, poi tuffatele in acqua e ghiaccio in modo che si arriccino. Mondate i sedani, togliete i filamenti e tagliateli a bastoncini.

Frullate lo scalogno con il succo di limone, l'olio, il sale e il pepe. Condite le verdure con la salsina ottenuta e suddividetele nelle coppette di parmigiano.

Il consiglio

Affinché la consistenza delle coppette si mantenga croccante, riempitele con l'insalata solo al momento di portarle in tavola.

Ingredienti per 4 persone

- 8 fette di prosciutto cotto (di circa 40 g l'una)
- 700 g di macedonia di legumi lessati (anche in scatola)
- 250 g di maionese
- 40 g di burro
- 1/2 litro di gelatina rapida
- 40 g di pâté di fegato
- ciuffetti di prezzemolo fresco
- 1 cucchiaio di aceto di vino rosso
- 2 fogli di colla di pesce già ammorbiditi in acqua

Difficoltà: Media

Preparazione: 20 minuti più 1 ora di raffreddamento

Cottura: Nessuna

Vino: Colli Berici Chardonnay (bianco, Veneto)

Greco di Tufo (bianco, Campania)

Cornetti di prosciutto e pâté

Scolate la macedonia di legumi, versatela in una terrina e amalgamatela bene con la maionese. Sciogliete in poca acqua tiepida la colla di pesce e unitela al composto, quindi versate il tutto in uno stampo inumidito con acqua fredda, che metterete in frigo per 1 ora.

Preparate intanto la gelatina rapida, aggiungendo l'aceto. Tagliate le fette di prosciutto a triangoli e immergeteli nella gelatina ancora liquida, formando 8 cornetti a imbuto. In una terrina sbattete il pâté con il burro, fino a ottenere una crema spumosa. Riempite con la crema una tasca da pasticciere e farcite i cornetti. Poi, copriteli con parte della gelatina semiliquida rimasta e metteteli in frigo per 20 minuti o più.

Appena la macedonia si sarà solidificata, capovolgetela su un piatto da portata, disponendovi intorno i cornetti e spennellando il tutto con la gelatina rimasta. Decorate qua e là il piatto con qualche ciuffetto di prezzemolo.

INGREDIENTI PER 4 PERSONE

- 200 g di finferli
- 4 fette di polenta abbrustolite
- 1 spicchio d'aglio
- 4 cucchiai di olio d'oliva extravergine
- 1 cucchiaio di prezzemolo tritato
- 200 g di fontina
- semi di sesamo
- sale e pepe

DIFFICOLTÀ: Bassa

PREPARAZIONE: 20 minuti

COTTURA: 20 minuti

VINO: Trentino Marzemino (rosso, Trentino-Alto Adige)

CROSTONI DI POLENTA CON I FINFERLI

Lavate i funghi, immergendoli per qualche istante in una ciotola d'acqua fredda. Tamponateli accuratamente con un telo da cucina e tagliate i più grandi a metà o in quarti, lasciando interi soltanto quelli più piccoli.

Fate scaldare in una padella l'olio con lo spicchio d'aglio sbucciato e schiacciato, che poi eliminerete. Unite i funghi e fateli cuocere per 15 minuti a fuoco moderato. Salate, pepate e cospargete con il prezzemolo.

Disponete sopra ciascuna fetta di polenta 3 fettine sottili di fontina e 1 cucchiaiata di funghi, completando con una spolverizzata di semi di sesamo.

Fate scaldare i crostoni di polenta sotto il grill del forno per un tempo di 2-3 minuti e serviteli subito in tavola ben caldi.

Cubetti di frittata di riso

Ingredienti per 4 persone

- ✔ 140 g di riso
- ✔ 1⁄2 l di latte
- ✔ 5 uova
- ✔ 50 g di burro
- ✔ 3 cucchiai di parmigiano grattugiato
- ✔ sale

Difficoltà: Bassa

Preparazione: 20 minuti

Cottura: 40 minuti

Vino: Bianco di Custoza (Veneto)

Val di cornia Vermentino (bianco, Toscana)

Portate il latte a ebollizione in una capiente casseruola e fatevi cuocere il riso al dente.

Scolate il riso, trasferitelo in una terrina e incorporatevi metà del burro, i tuorli, il parmigiano grattugiato e regolate con un pizzico di sale.

In un'altra terrina montate ora gli albumi a neve non troppo ferma, quindi incorporateli delicatamente al composto di riso, burro, uova e parmigiano grattugiato.

Sciogliete nella teglia il burro rimasto e versatevi il composto, livellandone la superficie con la lama inumidita di un coltello. Ponete il recipiente nel forno già caldo a 180° per 20 minuti, in modo che la superficie della frittata risulti dorata e croccante.

Riducete la frittata di riso a cubetti e serviteli caldi oppure freddi, con pomodorini ciliegia.

Il consiglio

A piacere, servite i cubetti di frittata con un pesto di fagiolini, ottenuto lessando 150 g di fagiolini per 10 minuti e tritandoli poi grossolanamente al mixer con 1 spicchio d'aglio sbucciato e tagliato a pezzetti, 3 cucchiai di olio d'oliva extravergine, un pizzico di sale e le foglie di 3 rametti di timo.

Dischetti di zucca alla salvia

Ingredienti per 4 persone

- 800 g di polpa di zucca privata di scorza e semi
- 40 g di amaretti
- 50 g di mostarda
- 120 g di farina
- 2 uova
- 50 g di parmigiano grattugiato
- 1 ciuffo di salvia
- burro
- sale

Difficoltà: Bassa

Preparazione: 30 minuti

Cottura: 1 ora

Vino: Friuli Grave Sauvignon (bianco, Friuli-Venezia Giulia)

Orvieto (bianco, Umbria)

Tagliate la zucca a fettine e sistematele su una placca da forno, sigillandole tra 2 fogli di alluminio. Cuocete nel forno già caldo a 220 °C per 50 minuti. Poi riducete a purè le fette di zucca ancora calde con il passaverdura.

Sbriciolate gli amaretti e, con un cucchiaio di legno, mescolateli con il purè, 30 g di parmigiano, la mostarda tritata fine, la farina, le uova e un pizzico di sale, fino a ottenere una crema il più possibile omogenea.

Trasferite il composto in una tasca da pasticcere con una grossa bocchetta liscia e formate sulla placca del forno, foderata con un foglio di alluminio imburrato, tanti dischetti del diametro di 6-8 cm. Sistemate su ognuno 1 ciuffetto di salvia e 1 fiocchetto di burro, spolverizzate con il restante parmigiano grattuggiato e dorate nel forno già caldo a 220 °C per 7-8 minuti.

Il consiglio

Potete raddoppiare le dosi del composto di zucca e tenerlo in freezer (si mantiene fino a 3 mesi): sarà utile per preparare il ripieno dei ravioli o per farcire le crêpes.

Fagottini alla mozzarella

Ingredienti per 4 persone

- 3 mozzarelle di 125 g l'una
- 250 g di pasta sfoglia
- 2 cucchiai di pangrattato
- 4 cucchiai di olive taggiasche
- 4 acciughe sott'olio
- pepe

Difficoltà: Bassissima

Preparazione: 20 minuti più 1 ora 40 minuti di lavorazione della pasta

Cottura: 15 minuti

Vino: Roero Arneis (bianco, Piemonte)

Solopaca Bianco (Campania)

Tagliate a dadini le mozzarelle, tritate le olive e spezzettate le acciughe, dopo averle sgocciolate dall'olio di conservazione, poi raccogliete tutti gli ingredienti in una ciotola.

Stendete la pasta in una sfoglia abbastanza sottile e ricavatene tanti quadrati di 12 cm di lato.

Distribuite al centro di ogni quadrato un po' di composto, spolverizzate con il pangrattato e insaporite con una macinata di pepe.

Infine, chiudete i quadrati, unendo a due a due gli angoli opposti e fermando i fagottini con un giro di filo da cucina.

Trasferite i fagottini su una placca foderata con carta da forno e fateli cuocere nel forno già caldo a 180 °C per 15 minuti circa.

Sformate i fagottini, eliminate il filo, trasferiteli su un piatto da portata e servite subito.

Fagottini di fichi e prosciutto

Ingredienti per 4 persone

- 8 fichi maturi
- 8 fette di prosciutto crudo
- 1 piccolo melone
- 1 cucchiaio di aceto balsamico
- 8 steli di erba cipollina
- 2 rametti di menta

Difficoltà: Bassa

Preparazione: 15 minuti

Cottura: Nessuna

Vino: Colli Orientali del Friuli Verduzzo Friulano (bianco, Friuli-Venezia Giulia)

Verdicchio Vendemmia Tardiva (bianco, Marche)

Private i fichi della buccia e disponetene uno al centro di ciascuna fetta di prosciutto.

Quindi irrorateli con qualche goccia di aceto balsamico e richiudete ogni fetta attorno al fico, sollevando i bordi e legandoli con gli steli di erba cipollina precedentemente sbollentati e asciugati.

Lavate il melone, dividetelo a metà nel senso della larghezza e privatelo dei semi con l'aiuto di un cucchiaio, quindi sbucciatelo e tagliatelo a pezzetti.

Passateli al mixer insieme alle foglioline di 1 rametto di menta, fino a ottenere una salsa omogenea.

Versate la salsa di melone sul fondo di un piatto da portata o suddividetela in 4 piattini individuali e disponetevi i fagottini di fichi.

Decorate con la menta e servite.

Fantasia di mozzarella

Ingredienti per 4 persone

- 4 piccole mozzarelle di bufala
- 2 melanzane
- 1 spicchio d'aglio
- 1 cucchiaio di aceto di mele
- 1 rametto di menta
- 4 cucchiai di olio d'oliva extravergine
- sale e pepe

Difficoltà: Bassa

Preparazione: 20 minuti più 30 minuti di raffreddamento

Cottura: 10 minuti

Vino: Orvieto (bianco, Umbria)

Penisola Sorrentina Bianco (Campania)

Tagliate le melanzane a fette non troppo sottili, mettetele in una ciotola e conditele accuratamente con 3 cucchiai d'olio, l'aglio sbucciato e tagliato a fettine, sale e pepe.

Distribuite le fettine di melanzana in un solo strato su una placca da forno e cuocetele sotto il grill già caldo girandole un paio di volte, finché saranno dorate su entrambi i lati.

Frullate le melanzane dorate con una decina di foglie di menta lavate e asciugate e l'aceto, quindi aggiungete il sale.

Tagliate le mozzarelle in modo da ottenere da ciascuna 3 fette e ricomponetele dopo averle farcite, tra una fetta e l'altra, con la crema di melanzane.

Non appena le mozzarelle sono pronte, sistematele nei piatti e conditele con olio, pepe e le foglioline di menta rimaste. Tenetele in frigorifero o in un luogo fresco per almeno 30 minuti prima di servirle.

FRITTATINE CON SCAMORZA

INGREDIENTI PER 4 PERSONE

- 6 uova
- 1 scamorza affumicata di 300 g
- 2 cucchiai di parmigiano
- 3 cucchiai di latte
- 30 g di burro
- sale e pepe

DIFFICOLTÀ: Bassissima

PREPARAZIONE: 30 minuti

COTTURA: 20 minuti

VINO: Alezio Rosato (Puglia)

Cirò Rosato (Calabria)

Tagliate a metà la scamorza, private una metà della buccia affumicata e grattugiatela con una grattugia a fori larghi.

Sgusciate le uova in una ciotola, aggiungete un pizzico di sale e di pepe e sbattetele con una forchetta; poi unitevi parmigiano, latte e scamorza grattugiata, mescolando bene.

Versate in una pirofila rotonda ben imburrata il composto di formaggio e uova; tagliate a fettine la metà restante della scamorza senza togliere la buccia e distribuitele sopra il composto disponendole in un solo strato.

Trasferite la preparazione nel forno già caldo a 200 °C e fatela cuocere per 15-20 minuti. A cottura ultimata, togliete la frittata dalla pirofila, fatela scivolare su un piatto da portata, tagliatela a spicchi e servite.

IL CONSIGLIO

Per ottenere una frittata più spessa, disponete il composto preparato in una pirofila di piccole dimensioni e prolungate la cottura di 10 minuti.

Ingredienti per 4 persone

- 2,25 dl di panna
- 2 cucchiai di aneto
- 4 fette grandi o 8 fette medie di salmone affumicato
- pepe

Difficoltà: Bassa

Preparazione: 20 minuti più 1 ora di raffreddamento

Cottura: Nessuna

Vino: Trentino Chardonnay (bianco, Trentino-Alto Adige)

Girandole di salmone alla panna

Montate la panna con una frusta elettrica in un contenitore pulito fino a quando sarà ben ferma, poi incorporatevi delicatamente l'aneto fresco tritato finissimo e insaporite con una macinata di pepe.

Disponete con cura le fettine di salmone su un tagliere, in modo che rimangano integre e spalmatele con la panna montata aromatizzata, di-stribuendola uniformemente.

Arrotolate delicatamente le fette di salmone con lo strato di panna su se stesse, così da formare degli involtini che poi avvolgerete uno per uno nella pellicola trasparente.

Fate raffreddare le girandole in frigorifero o in un luogo fresco per circa 1 ora. Poi, quando sono ben solidificate, toglietele dal frigo, eliminate la pellicola, sistematele su un piatto da portata e servitele subito.

Palline di riso e limone

Ingredienti per 4 persone

- 250 g di riso
- 4 limoni non trattati
- 100 g di parmigiano
- 1 spicchio d'aglio
- 1 ciuffo di prezzemolo
- 1 cucchiaio di capperi sottaceto
- 4 cucchiai di olio d'oliva extravergine
- sale e pepe

Difficoltà: Bassa

Preparazione: 15 minuti

Cottura: 18 minuti

Vino: Langhe Arneis (bianco, Piemonte)

San Severo Bianco (Puglia)

Lessate il riso al dente in una pentola con abbondante acqua salata, poi scolatelo e lasciatelo intiepidire stendendolo su un vassoio.

Emulsionate in una ciotola l'olio, il succo di un limone, il prezzemolo e l'aglio tritati, il sale, il pepe e la scorza grattugiata di un limone. Con questa salsina condite il riso, aggiungendovi poi il parmigiano grattugiato.

Formate con il composto ottenuto tante palline, della grandezza di una noce.

Tagliate i limoni rimasti a fette molto sottili e disponetele armoniosamente sul piatto da portata. Sopra ogni fettina appoggiate una pallina di riso decorata con un cappero.

A piacere, ornate il piatto da portata con qualche ciuffetto di prezzemolo e portate in tavola.

Peperoni arrotolati

Ingredienti per 4 persone

- 800 g di peperoni gialli grossi e carnosi
- 4 filetti di acciuga
- 1 cucchiaio di capperi
- 1 cucchiaio di prezzemolo
- 2 cucchiai di uva passa
- 4 cucchiai di olio d'oliva
- 2 cucchiai di pinoli
- 100 g di pangrattato
- sale e pepe

Difficoltà: Bassa

Preparazione: 25 minuti

Cottura: 30 minuti

Vino: Castel del Monte Bianco (bianco, Puglia)

Colli Pesaresi Trebbiano (bianco, Marche)

Mettete i peperoni ad abbrustolire nel forno già caldo a 200 °C per 10-15 minuti; quindi spellateli, eliminate i semi e i filamenti e ricavatene tanti rettangoli.

Ponete i capperi, i filetti d'acciuga e il prezzemolo tritati in una terrina insieme ai pinoli, l'uvetta ammollata in acqua tiepida, sgocciolata e strizzata, e il pangrattato.

Unite 3 cucchiai di olio d'oliva, insaporite con sale e pepe e mescolate accuratamente con un cucchiaio di legno.

Con il ripieno così preparato farcite i rettangoli di peperone formando tanti involtini.

Allineate gli involtini nella teglia oleata e conditeli con l'olio rimasto. Cuoceteli nel forno già caldo a 190 °C per 15 minuti e serviteli subito.

Il consiglio

Per evitare che si aprano nel corso delle cottura in forno, fermate ogni involtino di peperone con uno stecchino di legno.

Pomodori ripieni di riso

Ingredienti per 4 persone

- 4 pomodori
- 6 cucchiai di riso lessato
- 1 ciuffo di prezzemolo
- qualche foglia di basilico
- 1 spicchio d'aglio
- olio d'oliva extravergine
- sale

Difficoltà: Bassa

Preparazione: 20 minuti

Cottura: 30 minuti

Vino: Colli Euganei Pinot Bianco (Veneto)

Sant'Agata dei Goti Falanghina (bianco, Campania)

Lavate i pomodori, quindi asportate a ciascuno la calotta superiore e svuotateli con l'aiuto di un cucchiaio, conservando la polpa estratta. Cospargete di sale l'interno.

Mondate, lavate e asciugate il prezzemolo e il basilico e tritateli insieme con l'aglio; quindi metteteli in una terrina con il riso, la polpa dei pomodori passata al setaccio e 2 cucchiai d'olio, mescolando bene con un cucchiaio di legno per amalgamare gli ingredienti.

Riempite fino al bordo i pomodori con il composto ottenuto e poi ricopriteli con la loro calotta, premendo leggermente con le dita perché non si sposti.

Ungete con un velo d'olio una pirofila e sistematevi i pomodori, irrorateli con un po' d'olio e salateli.

Passateli nel forno già caldo a 180 °C e fateli cuocere per circa 30 minuti. Trasferiteli su un piatto da portata e serviteli caldissimi o tiepidi.

1 *Tagliate la calotta superiore dei pomodori e tenetela da parte.*

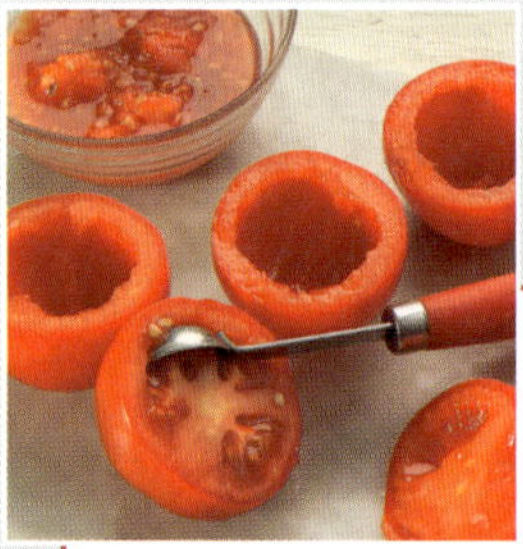

2 *Estraete la polpa dai pomodori servendovi di uno scavino, facendo attenzione a non bucarli.*

3 *Mescolate in una terrina il riso lessato, la polpa dei pomodori e 2 cucchiai d'olio d'oliva extravergine.*

Pomodori ripieni di salsa tonnata

Ingredienti per 4 persone

- 4 pomodori
- 8 filetti di acciuga
- 200 g di tonno sott'olio
- 2 cucchiai di capperi sotto sale
- timo
- 2 cucchiai di succo di limone
- 2 dl di olio d'oliva extravergine

Difficoltà: Bassissima

Preparazione: 30 minuti

Cottura: Nessuna

Vino: Falerno del Massico Bianco (Campania)

Collio Sauvignon (bianco, Friuli-Venezia Giulia)

Lavate e asciugate con un telo i pomodori, tagliateli a metà nel senso della larghezza e svuotateli con un cucchiaio facendo molta attenzione a non bucarli, poi metteteli capovolti su una gratella, affinché perdano l'acqua di vegetazione.

Nel frattempo, riducete la polpa che avete estratto dai pomodori a dadini, raccoglieteli in una terrina e teneteli da parte.

Passate al mixer le acciughe, il tonno sgocciolato dall'olio di conservazione e i capperi dissalati sotto l'acqua corrente e scolati, con l'olio, il succo di limone e la polpa di pomodoro a dadini fino a ottenere una salsa bene omogenea.

Farcite i pomodori con il ripieno, trasferiteli su un piatto da portata e serviteli, decorandoli, a piacere, con qualche fogliolina di timo.

Pomodori secchi all'acciuga

Ingredienti per 4 persone

- 16 pomodori secchi
- 10 acciughe sotto sale
- 2 spicchi d'aglio
- qualche foglia di basilico
- 1 ciuffo di prezzemolo
- 1 peperoncino piccante
- 2-3 cucchiai di olio d'oliva extravergine

Difficoltà: Bassissima

Preparazione: 20 minuti più 10 minuti di ammollo

Cottura: 5 minuti

Vino: Castel del Monte Bianco (Puglia)

Vermentino di Sardegna (bianco, Sardegna)

Ammorbidite i pomodori secchi nell'acqua tiepida per 10 minuti circa, sgocciolateli e asciugateli accuratamente con un telo.

Tritate finemente il basilico e il prezzemolo, insieme all'aglio sbucciato e al peperoncino.

Dissalate le acciughe, sfilettatele e mettetele nel mixer insieme al trito di basilico, prezzemolo, aglio e peperoncino e frullateli con l'olio fino a ottenere una pasta fluida e omogenea.

Spalmate un velo del composto preparato sui pomodori secchi, trasferiteli su un piatto da portata e portate in tavola.

L'ingrediente

Pomodori secchi. Si ottengono esponendo al sole i pomodori lavati, tagliati a metà e privati dell'acqua, in particolare quelli appartenenti alla varietà Napoli. In commercio si trovano conservati in barattoli sia al naturale sia sott'olio: i primi si usano per insaporire il brodo e per i sughi rapidi; i secondi si servono invece come antipasto o anche per integrare salse di pomodoro.

Spiedini di cozze con pancetta e zucchine

Ingredienti per 4 persone

- 36 cozze grandi
- 3 cucchiai di olio d'oliva extravergine
- 100 g di pancetta affumicata tagliata a fette sottili
- 2 zucchine piccole
- 3 cucchiai di vino bianco
- 1 ciuffo di prezzemolo
- 1 spicchio d'aglio

Difficoltà: Bassa

Preparazione: 15 minuti

Cottura: 10 minuti

Vino: Gravina (bianco, Puglia)

Carso Pinot Grigio (bianco, Friuli-Venezia Giulia)

Raschiate le cozze e lavatele ripetutamente in abbondante acqua fredda. Quindi ponetele in un tegame con il prezzemolo tritato, l'aglio schiacciato, il vino e 1 cucchiaio d'olio.

Fatele aprire, a fuoco vivo e a recipiente coperto, scuotendo di tanto in tanto il tegame.

Togliete dal fuoco, staccate i molluschi dai gusci, eliminando le cozze che non si sono aperte, e raccoglieteli in una ciotola.

Riducete le zucchine a rondelle sottili. Tagliate ogni fetta di pancetta in 2 parti per il lungo e avvolgetevi i molluschi. Preparate quindi gli spiedini, alternando 3 cozze con 2 fette di zucchine.

Adagiate gli spiedini in una teglia unta e fateli dorare per 4 minuti nel forno già caldo a 190 °C, girandoli di tanto in tanto.

Spiedini di cozze e pancetta impanate

Ingredienti per 4 persone

- 1 kg di cozze
- 60 g di burro
- 1 ciuffo di prezzemolo
- 80 g di pancetta affumicata tagliata a listarelle
- succo di limone
- origano
- timo
- 1 cucchiaio di pangrattato
- sale

Difficoltà: Bassa

Preparazione: 20 minuti

Cottura: 15 minuti

Vino: Cortese di Gavi (bianco, Piemonte)

Etna Bianco (Sicilia)

Lavate le cozze, spazzolandole bene. Ponetele in una casseruola coperta e fatele aprire a fuoco medio, scuotendo di tanto in tanto la casseruola. Con un coltellino prelevate i molluschi dai gusci, eliminando quelli rimasti chiusi, e teneteli da parte.

Tritate il prezzemolo e unitelo, mescolando, al pangrattato e alle altre erbe aromatiche, salando. Passate le cozze prima nel burro, che avrete sciolto senza farlo scurire, e poi nel pangrattato aromatizzato.

Procuratevi dei bastoncini da spiedino e infilzate su ciascuno alcune cozze, inframmezzandole con le fettine di pancetta.

Dorate gli spiedini così preparati su una gratella per 5-7 minuti, avendo cura di girarli ogni tanto. Oppure, saltateli in una padella con poco burro sciolto. Una volta pronti, trasferiteli su un piatto da portata, irrorateli con il succo di limone e serviteli.

Spiedini di formaggio e ananas

Ingredienti per 4 persone

- 250 g di caciotta toscana
- 6 fette di ananas fresco
- pepe

Difficoltà: Bassa

Preparazione: 15 minuti

Cottura: 5 minuti

Vino: Frascati (bianco, Lazio)

Trentino Sauvignon (bianco, Trentino-Alto Adige)

Private il formaggio della crosta e riducetelo a dadini. Tagliate a cubetti anche le fette di ananas.

Infilzate su 8 stecchini di legno, alternandoli, i pezzetti di formaggio e di ananas, spolverizzandoli con una macinata di pepe.

Fate dorare gli spiedini preparati sotto il grill del forno già caldo a 200 °C per 5 minuti, trasferiteli su un piatto da portata e serviteli ben caldi.

L'ingrediente

Ananas. Frutto tropicale dalla polpa molto zuccherina e aromatica, l'ananas è presente sul mercato in diverse varietà. Gli ananas ben maturi e profumati hanno buccia di varie sfumature di arancione; quelli con buccia marrone sono passati di maturazione e quelli che hanno la buccia tra le losanghe esterne di colore verde o grigiastro sono acerbi.

Spiedini di mozzarella e pane

Ingredienti per 4 persone

- 300 g di mozzarella
- 150 g di pancarré leggermente raffermo
- 30 g di burro

Difficoltà: Bassa

Preparazione: 10 minuti

Cottura: 15 minuti

Vino: Costa d'Amalfi Falanghina (bianco, Campania)

Breganze Chardonnay (bianco, Veneto)

Private della crosta il pancarré e ricavatene tanti quadratini di 4-5 cm di lato. Affettate la mozzarella, facendo attenzione che le dimensioni delle fette siano uguali a quelle dei quadretti di pane.

Preparate il condimento facendo fondere il burro in un piccolo tegame, con l'accortezza di non farlo scurire.

Procuratevi stecchini di legno lunghi da spiedino e infilzatevi le fettine di pane, alternandole ai quadretti di mozzarella, in modo da iniziare e terminare con il pane.

Disponete tutti gli spiedini in una teglia e conditeli con il burro fuso. Lasciateli cuocere nel forno già caldo a 200 °C per 8-10 minuti, finché risulteranno ben dorati.

Trasferite gli spiedini su un piatto da portata e serviteli immediatamente in tavola.

INGREDIENTI PER 4 PERSONE

- ✔ 4 uova
- ✔ 1 scatola di sgombri al naturale da 170 g
- ✔ 1 acciuga sotto sale
- ✔ 1 cucchiaio colmo di maionese
- ✔ 1 cucchiaio di vino bianco
- ✔ 20 g di capperi sottaceto
- ✔ salsa Worcester
- ✔ qualche foglia di lattuga
- ✔ 1/2 limone
- ✔ sale e pepe

DIFFICOLTÀ: Bassissima

PREPARAZIONE: 20 minuti

COTTURA: 10 minuti

VINO: Bianchello del Metauro (bianco, Marche)

Gambellara (bianco, Veneto)

UOVA FARCITE CON GLI SGOMBRI

Rassodate le uova, tenute a temperatura ambiente, in acqua bollente salata per 8-10 minuti; sgocciolatele, mettetele sotto acqua corrente per farle raffreddare rapidamente e sgusciatele. Tagliatele a metà nel senso della lunghezza, togliete i tuorli e passateli al setaccio.

Dissalate l'acciuga, diliscatela e tritatela con gli sgombri, sgocciolati dal liquido di conservazione.

In una terrina diluite la maionese con il vino, unite il trito di sgombri, i tuorli passati e 1 cucchiaio di salsa Worcester; pepate e salate. Con il composto ottenuto farcite i 1/2 albumi sodi e guarniteli con i capperi ben sgocciolati.

Rivestite un piatto da portata con le foglie di lattuga ben lavate e sgocciolate, disponetevi sopra le uova, decorate con mezze fettine di limone e servite.

INGREDIENTI PER 4 PERSONE

- ✔ 5 uova sode
- ✔ 150 g di tonno
- ✔ 100 g di maionese
- ✔ 1 cucchiaio di pasta d'acciughe
- ✔ 2 fette di pancarré
- ✔ qualche foglia di radicchio variegato di Castelfranco
- ✔ capperi
- ✔ 20 g di burro

DIFFICOLTÀ: Bassa

PREPARAZIONE: 30 minuti

COTTURA: Nessuna

VINO: Cortese di Gavi (bianco, Piemonte)

Lamezia Bianco (Calabria)

UOVA FARCITE CON TONNO E ACCIUGHE

Dividete le uova sode a metà per il lungo, estraete i tuorli e schiacciateli tutti tranne uno. Passate al mixer il tonno con la maionese e i 4 tuorli finché saranno ben amalgamati. Mettete il composto ottenuto in una tasca da pasticciere con bocchetta a stella e riempite gli albumi con altrettanti fiocchi.

Disponete le uova farcite su un ampio piatto da portata e completate con i triangolini di pancarré imburrati, su cui spolverizzerete il tuorlo d'uovo messo da parte. Guarnite con le foglie di radicchio, distribuite sulle uova qualche cappero e servite in tavola.

L'INGREDIENTE

Radicchio. Nella Marca Trevigiana esistono tre varietà di radicchio: il radicchio rosso tardivo, con foglie serrate e coste bianche e dal sapore gradevolmente amarognolo; il radicchio rosso precoce, con cespo più voluminoso e ben chiuso e una radice meno pronunciata, dal gusto delicato e il radicchio variegato di Castelfranco, con cespo allargato, simile a quello della lattuga, anch'esso dal gusto particolarmente delicato.

Zucca in agrodolce

Ingredienti per 4 persone

- 1,5 kg di zucca gialla
- 3 cucchiai di aceto di vino rosso
- 2 cucchiai di zucchero
- 2 spicchi d'aglio
- qualche foglia di menta
- 3 cucchiai di olio d'oliva
- poca farina
- sale

Difficoltà: Bassa

Preparazione: 15 minuti più 2 ore di riposo

Cottura: 15 minuti

Vino: Si sconsiglia l'abbinamento enologico

Con un coltello affilato mondate la zucca dalla scorza e tagliatela a fette sottili. Scaldate l'olio in una padella e fatevi rosolare in modo uniforme le fette di zucca salate e infarinate; sgocciolatele con il mestolo forato e adagiatele sopra un ampio vassoio.

Unite all'olio rimasto nel tegame l'aceto e lo zucchero e portate a ebollizione mescolando in continuazione. Spegnete il fuoco e versate uniformemente la salsa così ottenuta sulle fette di zucca.

Sbucciate gli spicchi d'aglio e tritateli, mondate e lavate le foglie di menta e unitele con l'aglio alla zucca. Lasciate raffreddare, poi riponete la preparazione nel frigorifero, lasciandovela per almeno 2 ore. Servite questo piatto freddo.

Il consiglio

Per conservare la menta senza che perda il suo aroma lavatela, asciugatela delicatamente con un telo, riponetela senza pressarla in un barattolino di vetro e congelatela.

Zucchine ripiene alla carne

Ingredienti per 4 persone

- 300 g di polpa di manzo macinata
- 4 zucchine
- 3 uova
- 100 g di parmigiano grattugiato
- 50 g di pangrattato
- 20 g di basilico spezzettato
- 3 dl di passata di pomodoro
- 2 cucchiai di olio d'oliva extravergine
- noce moscata
- sale e pepe

Difficoltà: Media

Preparazione: 20 minuti

Cottura: 25 minuti

Vino: Est! Est!! Est!!! di Montefiascone (bianco, Lazio)

Etna Bianco (Sicilia)

Mettete in una ciotola la carne macinata con il parmigiano, le uova, il basilico spezzettato, un pizzico di noce moscata, il pangrattato, sale e pepe e amalgamate bene tutto.

Mondate e lavate le zucchine, riducetele a tronchetti lunghi 6 cm circa e svuotatele usando uno scavino lungo o un coltello.

Riempite le zucchine con il ripieno preparato, servendovi di un cucchiaino oppure di una tasca da pasticciere con bocchetta larga e liscia.

Scaldate l'olio in un tegame e fatevi soffriggere i tronchetti di zucchina ripieni, mantenendo il fuoco basso. Quando saranno dorati, scolate il grasso in eccesso e aggiungetevi tutta la passata di pomodoro. Salate, coprite e proseguite la cottura, sempre a fuoco basso, per 15-20 minuti, mescolando ogni tanto.

Servite le zucchine con la loro salsa, calde o, se preferite, a temperatura ambiente.

SA

SALSE

SALSE MADRI E DERIVATE

Molto importanti in cucina, perché accompagnano o sono alla base di numerose ricette, le salse hanno il pregio di impreziosire i cibi e di trasformare in qualche cosa di speciale anche i piatti più semplici.

IL CONSIGLIO

Una salsa, una volta preparata, non va mai scaldata direttamente sul fuoco. Il modo migliore è quello di mantenerla calda fino al momento di servirla, tenendola a bagnomaria. Per evitare, inoltre, che sulla sua superficie si formi quello che viene chiamato "velo", distribuitevi sopra qualche pezzetto di burro e mescolate solo all'ultimo momento.

Le salse, così come i sughi e alcuni condimenti, sono preparazioni fluide o semiliquide con cui si accompagnano i cibi per valorizzarli o esaltarne il sapore. Proprio perché si tratta di preparazioni di accompagnamento, le salse si prestano alle elaborazioni più fantasiose e creative, rispettando, tuttavia, alcune regole, come quella di usarle con discrezione, in modo che non sovrastino mai i cibi a cui vengono abbinate, o come quella che prevede, quando la salsa accompagna carne e pesce, che si utilizzi il loro fondo di cottura.

Nella cucina classica si suole suddividere le salse in due categorie: calde, di cui fanno parte le cosiddette "salse madri", cioè le 4 salse da cui deriva gran parte delle altre, e fredde.

In quest'ultima sezione del volume vengono illustrate le 4 salse madri calde (spagnola, vellutata, besciamella e salsa di pomodoro) e la maionese – ciascuna con a fianco alcune delle loro principali derivate – e alcune altre salse, tra cui, appunto, la bernese.

Altre salse, sughi ed emulsioni fredde si trovano nei volumi in cui sono trattate le ricette alle quali tradizionalmente si accompagnano.

SALSE CALDE

Punto di partenza delle salse calde sono i fondi e i roux. Per "fondo" (da non confondere con il fondo di cottura di una preparazione) si intende la parte fluida della salsa che, a seconda degli ingredienti usati, può essere bruno (a base di carni rosse),

bianco (a base di carni bianche), di cacciagione o di pesce; questi fondi possono eventualmente essere sostituiti dal relativo brodo ristretto. Il roux, invece, è la parte che "lega", cioè che addensa, una salsa ed è composto da un amalgama di burro e farina, che in base al prolungamento del tempo di cottura può essere bianco, biondo o bruno.

Le salse di base, chiamate come si è detto salse madri, sono: la "spagnola" (roux bruno e fondo bruno), la "vellutata" (roux biondo e fondo bianco), la "besciamella" (roux biondo e latte). Ad esse si aggiunge la "salsa di pomodoro", che si distingue dalle altre per la preparazione e gli ingredienti.

SALSE FREDDE

Come suggerisce il loro nome, sono le salse preparate a freddo. Questa categoria di salse che, a differenza delle calde, non ha una classificazione precisa, raccoglie tipi di emulsioni molto diversi tra loro, di cui la più famosa è senza dubbio la maionese, non a caso considerata la regina delle salse fredde.

ALTRE SALSE

Nel ricco e variegato mondo delle salse un posto importante è occupato dalla raffinata salsa bernese e da alcune altre salse, quali la pearà, la ravigotta, la salsa verde e l'acciugata calda.

L'INGREDIENTE

Fondo bruno. È una sorta di dado fatto in casa. Per prepararne 2 litri, spaccate 2 kg di ossi e ritagli di manzo e vitello e poi tostateli nel forno a 250 °C per 15 minuti. Unite 200 g di carote e 200 g di cipolle spezzettate e 2 spicchi d'aglio e continuate la cottura per altri 20 minuti. Sgrassate e trasferite in una casseruola con 300 g di pomodori spezzettati, salate un poco, aggiungete 6 litri d'acqua e portate a bollore. Fate sobbollire per circa 6 ore, quindi passate tutto attraverso un colino e poi in una garza bagnata. Si conserva fino a 20 giorni in frigo e per mesi nel freezer.

Ingredienti per circa 1 litro di salsa

- 25 g di burro
- 30 g di farina
- 1/2 costa di sedano
- 1 carota tritata
- 1/2 cipolla
- 1 l di fondo bruno (o di brodo di carne ristretto)
- 50 g di pancetta (o di prosciutto grasso)
- prezzemolo tritato
- 1 foglia di alloro
- 1 rametto di timo
- 1/2 dl di salsa di pomodoro
- sale e pepe

Difficoltà: Media

Preparazione: 20 minuti

Cottura: 3 ore

Salsa spagnola

In una casseruola fate sciogliere il burro, aggiungetevi la farina e fate rosolare finché il roux avrà assunto un colore nocciola. Diluite con una tazzina di fondo bruno (o di brodo ristretto), mescolate e quando sarà stato del tutto assorbito, aggiungete un'altra tazzina di fondo bruno e proseguite nello stesso modo fino al suo completo esaurimento.

Tritate la pancetta, la carota, il prezzemolo, l'alloro e il timo e rosolateli in una padella. Sgocciolateli e aggiungeteli alla salsa, mescolando.

Fate sobbollire, a fuoco molto basso, per circa 2 ore, schiumando di tanto in tanto. Passate la salsa al setaccio, stemperandovi anche la salsa di pomodoro; regolate di sale e di pepe e cuocete per 1 ora. Passate di nuovo la salsa al setaccio.

Accompagna: calda, piatti di carne e uova; fredda, è una buona base per altre salse brune.

Il consiglio

La salsa spagnola si conserva a lungo in frigorifero, purché abbiate l'avvertenza di porla in un vaso coperto, farla ribollire una volta alla settimana travasandola ogni volta in un recipiente pulito. Oltre che come base per altre salse, è un eccellente condimento per aggiungere sapore a cipolle, carote o sedani brasati, a costolette e bistecche mescolata al grasso di cottura.

SALSA DEMI-GLACE

INGREDIENTI PER CIRCA 1/2 LITRO DI SALSA

- ✔ 1 l di salsa spagnola
- ✔ 1/2 tazzina di fondo bruno (o di brodo di carne ristretto)
- ✔ 1/2 dl di Marsala

DIFFICOLTÀ: Media

PREPARAZIONE: Nessuna

COTTURA: 1 ora

Mettete la salsa spagnola in una casseruola di media capienza e fatela ridurre della metà del suo volume a fuoco moderato, mescolando con un cucchiaio di legno.

Aggiungete il fondo bruno e fate sobbollire ancora, a fuoco medio, per qualche minuto, ricordandovi di non smettere di mescolare.

Togliete il tegame dal fuoco, aggiungete alla salsa il Marsala e mescolate con un cucchiaio di legno finché la salsa sarà amalgamata.

Accompagna: pesce ma anche uova e pollame.

LA RICETTA TRADIZIONALE

In origine il vino liquoroso con cui veniva completata questa salsa era il Madera, un vino ad alta gradazione prodotto nell'omonima isola portoghese. Molto usato in cucina come aromatizzante di fondi e salse, in Italia è stato via via sostituito quasi del tutto dal Marsala secco.

SALSA DUXELLES

INGREDIENTI PER CIRCA 1/2 LITRO DI SALSA

- ✔ 2 dl di salsa demi-glace
- ✔ 1 punta di aglio tritato
- ✔ 1 cipolla
- ✔ 1 scalogno
- ✔ 300 g di gambi di funghi champignon
- ✔ 100 g di burro
- ✔ 1 cucchiaio di passata di pomodoro
- ✔ 1 cucchiaino di succo di prezzemolo
- ✔ sale e pepe

DIFFICOLTÀ: Media

PREPARAZIONE: Nessuna

COTTURA: 1 ora

Fate appassire, facendo prendere colore alla cipolla e allo scalogno tritati con 50 g di burro.

Unite i gambi dei funghi puliti e tritati finemente e fate cuocere a fuoco vivo per pochi minuti, fino a quando l'acqua di vegetazione non sarà evaporata del tutto.

Passate il composto ottenuto al setaccio e rimettetelo quindi nella casseruola.

Aggiungetevi la salsa demi-glace e la passata di pomodoro; regolate di sale, insaporite con una abbondante macinata di pepe, una punta di aglio tritata, il succo di prezzemolo tritato e amalgamate bene il tutto.

Mettete la casseruola sul fuoco e fate cuocere, a fuoco moderato, finché a poco a poco la salsa si ridurrà alla giusta consistenza.

Togliete dal fuoco, aggiungete il burro rimasto a pezzetti e incorporatelo alla salsa mescolando.

Accompagna: carni arrosto e pollame.

INGREDIENTI PER CIRCA 1 L DI SALSA

- 100 g di burro
- 60 g di farina
- 1,2 l di brodo di pollo, filtrato e sgrassato, ben caldo
- sale e pepe bianco

DIFFICOLTÀ: Media

PREPARAZIONE: Nessuna

COTTURA: 45 minuti

SALSA VELLUTATA

Fate sciogliere in una casseruola il burro, incorporatevi poi velocemente la farina, mescolando. Fate quindi cuocere, senza smettere di mescolare, fino a quando il roux avrà assunto un colore giallo molto pallido. Diluite il composto con metà dose abbondante di brodo molto caldo e, mescolando, regolate di sale e pepe.

Proseguite la cottura per circa 30 minuti a fuoco molto basso, aggiungendo via via il brodo caldo rimasto e mescolando continuamente con un cucchiaio di legno finché la salsa avrà raggiunto la consistenza di una crema. Passate quindi la salsa al setaccio e fatela raffreddare mescolando spesso, affinché non si formi la pellicina in superficie.

Accompagna: carni bianche, pesce e verdure bollite; serve da base per molte salse bianche.

INGREDIENTI PER CIRCA 1/2 L DI SALSA

- 0,5 l di salsa vellutata
- 2 tuorli
- 0,5 l di brodo chiaro (di pollo o vitello)
- qualche goccia di succo di limone
- 50 g di burro

DIFFICOLTÀ: Media

PREPARAZIONE: 10 minuti

COTTURA: 20 minuti

SALSA PARIGINA

Unite in una casseruola il brodo, i tuorli e la salsa vellutata calda e amalgamate il tutto con una frusta. Mettete sul fuoco vivace e fate cuocere, senza mai smettere di mescolare, finché la salsa avrà una densità tale da aderire alla frusta. Toglietela dal fuoco, unite il succo di limone e il burro a pezzetti, mescolate e passate al setaccio ricoperto con una garza.

Accompagna: vitello e agnello.

SALSA SUPREMA

INGREDIENTI PER CIRCA 1/2 L DI SALSA

- ✔ 0,5 l di salsa vellutata
- ✔ 4 dl di brodo di pollo
- ✔ 50 g di burro
- ✔ 3 dl di panna

DIFFICOLTÀ: Media

PREPARAZIONE: 5 minuti

COTTURA: 20 minuti

Unite in una casseruola il brodo e la salsa vellutata, mettete il tegame sul fuoco vivace e fate ridurre a circa la metà, sempre mescolando e incorporando, poco alla volta, la panna. Togliete quindi dal fuoco e unite alla salsa il burro a pezzetti, continuando a mescolare.

Accompagna: carni bollite, in particolare la gallina lessa e il riso bollito al burro.

SALSA AURORA

INGREDIENTI PER CIRCA 1/2 L DI SALSA

- ✔ 4 dl di salsa vellutata o di besciamella
- ✔ 1 dl di passata di pomodoro ben densa
- ✔ 100 g di burro

DIFFICOLTÀ: Media

PREPARAZIONE: 15 minuti

COTTURA: Nessuna

Amalgamate delicatamente e poco alla volta alla salsa vellutata (o alla besciamella) tiepida la passata di pomodoro, quindi passate il tutto al setaccio.

Incorporate al composto il burro a pezzettini, mescolate con cura e versate in una salsiera.

Accompagna: uova, pollame, carni bianche e pesci lessati.

SALSA ROBERT

INGREDIENTI PER CIRCA 1/2 L DI SALSA

- ✔ 0,5 l di brodo di carne caldo (anche di dado)
- ✔ 1 cipolla tritata finemente
- ✔ 3 cucchiai di aceto
- ✔ 4 cucchiai di farina
- ✔ 50 g di burro
- ✔ 1 cucchiaio di senape piccante
- ✔ sale e pepe

DIFFICOLTÀ: Media

PREPARAZIONE: 5 minuti

COTTURA: 20 minuti

Fate appassire la cipolla con il burro e poco sale.

Unite la farina e, mescolando, fate cuocere per 2 minuti, a fuoco basso.

Alzate un poco la fiamma e unite un po' alla volta il brodo fino a ottenere una salsa non troppo densa.

Unite l'aceto, la senape, una macinata di pepe e mescolate bene.

Accompagna: maiale o agnello.

Ingredienti per circa 1/2 l di salsa

- 50 g di burro
- 50 g di farina
- 0,5 l di latte freddo
- noce moscata
- sale e pepe

Difficoltà: Media

Preparazione: Nessuna

Cottura: 20 minuti

Salsa besciamella

Fate sciogliere in una casseruola il burro, aggiungete la farina continuando a mescolare con un cucchiaio di legno, facendo molta attenzione a non farle prendere colore.

Versate, poco alla volta, il latte freddo, aspettando prima di ogni successiva aggiunta che il latte sia stato assorbito in modo omogeneo e senza formare grumi.

Sempre mescolando, addensate, poi mettete un rompifiamma (attrezzo che diminuisce il calore diretto del fuoco sul recipiente) sotto la casseruola, coprite e cuocete per 10-15 minuti, mescolando a volte.

Insaporite con sale, pepe e noce moscata e togliete la cassseruola dal fuoco. Variate le dosi di farina o di latte, a seconda della densità desiderata.

Serve da base per altre salse a base di besciamella e per la preparazione di diverse ricette.

Salsa Mornay

Ingredienti per 1/2 l di salsa

- ✔ 0,5 l di besciamella
- ✔ 1 dl di panna
- ✔ 40 g di groviera (o di parmigiano) grattugiato
- ✔ 50 g di burro

Difficoltà: Media

Preparazione: 5 minuti

Cottura: 10 minuti

Aggiungete alla besciamella calda la panna e mescolate su fuoco basso con un cucchiaio di legno per circa 10 minuti.

Togliete il tegame dal fuoco e unite alla salsa il formaggio grattugiato e il burro a pezzetti e mescolate bene per amalgamare perfettamente gli ingredienti.

Accompagna: uova, ortaggi, pesce e preparazioni gratinate.

Salsa Nantua

Ingredienti per circa 1/2 l di salsa

- ✔ 1/2 litro di besciamella
- ✔ 1 bicchiere di panna
- ✔ noce moscata
- ✔ la scorza grattugiata di mezzo limone
- ✔ 40 g di burro ai gamberetti
- ✔ sale e pepe

Difficoltà: Media

Preparazione: 10 minuti

Cottura: 15 minuti

In una casseruola unite alla besciamella la panna, versandola poco per volta. Insaporite con una grattata di noce moscata e la scorza grattugiata di limone e continuate a mescolare con un cucchiaio di legno, a fuoco molto basso, sino a che la salsa avrà raggiunto la consistenza che aveva prima dell'aggiunta della panna. Togliete la casseruola dal fuoco e lasciate intiepidire la salsa.

Quando la salsa avrà raggiunto la temperatura desiderata, amalgamatevi con cura il burro ai gamberetti, regolate di sale e spolverizzate la salsa con una generosa macinata di pepe.

Accompagna: crostacei, pesci e uova.

Salsa Soubise

Ingredienti per circa 1/2 l di salsa

- ✔ 0,5 l di besciamella piuttosto densa
- ✔ 700 g di cipolle
- ✔ 1 l di brodo di carne (o di dado)
- ✔ 50 g di burro
- ✔ sale e pepe

Difficoltà: Media

Preparazione: 10 minuti

Cottura: 30 minuti

Tagliate in quarti le cipolle e cuocetele in una casseruola coperte a filo di brodo, finché saranno sfatte e il brodo si sarà esaurito.

Passatele al mixer, unite il burro e fate asciugare su fuoco vivace senza farle dorare.

Salate e pepate, togliete dal fuoco, unite la besciamella e mescolate bene. Rimettete la salsa a scaldare sul fuoco senza farla bollire.

Accompagna: arrosti di ovini, uova, pollo e fegato.

Ingredienti per circa 1 l di salsa

- 1 kg di pomodori perini
- 1 carota
- 1 cipolla
- 1 costa di sedano
- sale

Difficoltà: Bassa

Preparazione: 15 minuti

Cottura: 40 minuti

Salsa di pomodoro leggera

Lavate, asciugate e spezzettate grossolanamente i pomodori e poi metteteli a freddo in una casseruola con la carota e la cipolla pulite e sbucciate, tagliate entrambe a fettine sottili, il sedano lavato e ridotto a rondelle e il sale.

Fate cuocere le verdure a pezzetti a fuoco moderato, quindi, quando i pomodori avranno emesso un po' della loro acqua di vegetazione, alzate la fiamma e proseguite la cottura per 30 minuti circa, mescolando ogni tanto.

Passate quindi il composto ottenuto al passaverdure con disco a fori medi, eliminando l'acqua che cola al primo giro e continuando poi nell'operazione finché la pelle e i semi dei pomodori rimasti nell'attrezzo risulteranno asciutti.

Accompagna: pasta al burro e, unita ad altre preparazioni, serve da base per altre salse.

INGREDIENTI PER CIRCA 150 G DI CONCENTRATO

- ✔ 1/2 kg di pomodori da salsa maturi
- ✔ 1 costa di sedano ✔ 1/2 carota
- ✔ 1/2 cipolla ✔ sale

DIFFICOLTÀ: Bassa

PREPARAZIONE: Nessuna

COTTURA: 30 minuti

CONCENTRATO DI POMODORO

Preparate la salsa di pomodoro leggera seguendo le indicazioni riportate nella ricetta precedente.

Passate la salsa di pomodoro al passaverdure, quindi rimettetela nella casseruola e fatela addensare, a fuoco moderato, fino a quando si sarà ridotta di circa 1/3.

INGREDIENTI PER CIRCA 1 L DI SALSA

- ✔ 1 kg di pomodori da sugo maturi

DIFFICOLTÀ: Bassa

PREPARAZIONE: 15 minuti

COTTURA: Nessuna

PASSATA DI POMODORO

Lavate i pomodori, tagliateli a metà, privateli dell'acqua di vegetazione e passateli al passaverdure finché i semi e la pelle rimasti nell'attrezzo saranno asciutti. Fate riposare la preparazione per 10 minuti e poi eliminate l'acqua di vegetazione rimasta in superficie.

Serve da base per altre salse al pomodoro e a piatti in cottura.

INGREDIENTI PER CIRCA 1 L DI SALSA

- ✔ 2 kg di pomodori maturi
- ✔ 2 carote tritate ✔ 2 cipolle tritate
- ✔ 2 coste di sedano tritate
- ✔ 4 cucchiai di olio d'oliva extravergine
- ✔ basilico ✔ sale

DIFFICOLTÀ: Bassa

PREPARAZIONE: 15 minuti

COTTURA: 30 minuti

SALSA DI POMODORO

Sbollentate i pomodori, privateli della pelle e dei semi e dell'acqua di vegetazione.

Fate soffriggere in una padella con l'olio le carote, il sedano e le cipolle, mescolando ogni tanto.

Aggiungete i pomodori e il basilico sminuzzato, salate e fate addensare a fuoco moderato per circa 30 minuti.

Accompagna: sughi crudi e serve da base a piatti in cottura.

INGREDIENTI PER CIRCA 1/2 L DI SALSA

- ✔ 1/2 kg di salsa di pomodoro
- ✔ zucchero ✔ aceto
- ✔ 1/2 spicchio d'aglio
- ✔ 1 ciuffo di prezzemolo ✔ sale

DIFFICOLTÀ: Bassa

PREPARAZIONE: 10 minuti

COTTURA: 5 minuti

SALSA AGRODOLCE

Scaldate in una casseruola la salsa di pomodoro, unitevi lo zucchero che avrete fatto sciogliere nell'aceto, mescolate con un cucchiaio di legno e fate ridurre per pochi minuti a fiamma viva (se usate l'aceto balsamico non ce n'è bisogno). Aggiungete il prezzemolo e l'aglio tritati, salate e mescolate.

Accompagna: carni bollite e grigliate.

INGREDIENTI PER 250 G DI MAIONESE

- ✔ 2 tuorli
- ✔ 2,5 dl di olio d'oliva extravergine
- ✔ il succo di 1/2 limone
- ✔ sale e pepe bianco

DIFFICOLTÀ: Media

PREPARAZIONE: 15 minuti

COTTURA: Nessuna

MAIONESE

Accertatevi che tutti gli ingredienti siano a temperatura ambiente, quindi mettete i tuorli in una ciotola assicurandovi che non vi sia traccia di albume, aggiungete un pizzico di sale e di pepe e mescolate con una forchetta o una frusta, in senso rotatorio e sempre nello stesso verso. Poi, sempre sbattendo, versate l'olio prima goccia a goccia e poi a filo. Se la maionese si addensasse troppo velocemente, unite di tanto in tanto un po' di succo di limone, altrimenti aggiungetelo tutto alla fine.

Se la maionese dovesse per caso "impazzire", ricominciate l'operazione con un tuorlo messo in un'altra ciotola e utilizzando la maionese scomposta in sostituzione di altro olio d'oliva. Considerate che tanto più olio si aggiunge, tanto più la maionese si addensa, mentre l'aggiunta del succo di limone serve a fluidificarla.

Serve da base per altre salse a base di maionese e per la preparazione di diverse ricette.

INGREDIENTI PER CIRCA 250 G DI SALSA

- ✔ 4 spicchi d'aglio sbucciati
- ✔ 1 tuorlo ✔ il succo di 1 limone
- ✔ 2,5 dl d'olio d'oliva extravergine
- ✔ 1/2 cucchiaio di acqua fredda
- ✔ sale

DIFFICOLTÀ: Media

PREPARAZIONE: 15 minuti

COTTURA: Nessuna

SALSA AÏOLI

Pestate nel mortaio l'aglio, incorporatevi il tuorlo, un pizzico di sale e l'olio goccia a goccia e poi a filo.

Ruotate velocemente il pestello amalgamando gli ingredienti.

Unite quindi, poco alla volta e mescolando, il succo di limone e l'acqua fredda.

Accompagna: carni e pesci cotti alla griglia.

Salsa cocktail

Ingredienti per circa 250 g di salsa

- 250 g di maionese
- 3 cucchiai di ketchup
- 1 cucchiaio di salsa Worcester
- 1 cucchiaio di Brandy
- 2 cucchiai di panna liquida

Difficoltà: Bassa

Preparazione: 10 minuti

Cottura: Nessuna

In una ciotola raccogliete la panna, il Brandy, le salse ketchup e Worcester e amalgamate bene il tutto. Mettete la maionese in un'altra ciotola e incorporatevi la crema preparata, mescolando.

Accompagna: tutti i crostacei, in particolare gli scampi.

Salsa tartara

Ingredienti per circa 250 g di salsa

- 250 g di maionese
- olive verdi snocciolate
- cetriolini sottaceto
- cipolline sottaceto
- capperi
- 1 cucchiaino di senape di Digione
- 1 ciuffo di dragoncello o di erba cipollina

Difficoltà: Media

Preparazione: 10 minuti

Cottura: Nessuna

Tritate finemente le olive insieme ai cetriolini e alle cipolline sottaceto, ai capperi e al dragoncello (o all'erba cipollina) lavato e asciugato.

Quindi in una ciotola incorporate alla maionese il trito preparato, la senape e amalgamate bene il tutto.

Accompagna: svariati tipi di pesci, carni e uova sode.

Salsa tonnata

Ingredienti per circa 250 g di salsa

- 100 g di maionese
- 200 g di tonno sott'olio
- 3 acciughe salate
- 1 cucchiaio di capperi salati
- 1 tazzina di brodo di carne
- 2 cucchiai di aceto di vino bianco
- sale e pepe

Difficoltà: Bassa

Preparazione: 10 minuti

Cottura: Nessuna

Passate al mixer il tonno sgocciolato, le acciughe dissalate e sminuzzate, i capperi dissalati e sgocciolati e il brodo fino a ottenere un composto cremoso; mettetelo in una ciotola, aggiungendo, poco per volta, la maionese, l'aceto, il sale e il pepe.

Accompagna: carni fredde, in particolare il vitello detto appunto "tonnato", verdure bollite fredde e pesce lesso.

Ingredienti per circa 200 g di salsa

- 3 tuorli
- 150 g di burro
- 1 mazzetto di cerfoglio
- 3 cucchiai di aceto di vino bianco
- 1/2 dl di vino bianco
- 1 scalogno
- 1 mazzetto di prezzemolo
- 1 mazzetto di dragoncello
- sale e pepe bianco

Difficoltà: Media

Preparazione: 10 minuti

Cottura: 50 minuti

Salsa bernese

In un pentolino portate a ebollizione l'aceto con il vino bianco, lo scalogno tritato, un pizzico di cerfoglio e uno di dragoncello tritati e fateli ridurre a 2 cucchiai circa.

Passate il liquido ottenuto al setaccio raccogliendolo in un pentolino a bagnomaria.

Unite 1 cucchiaio di acqua, i tuorli e un pezzetto di burro, sbattete il composto con una frusta fino a quando, la salsa monta.

Incorporatevi, poco alla volta, il burro rimasto a pezzetti, controllando che l'acqua del bagnomaria si mantenga a una temperatura moderata (da 65 a 80 °C) senza mai raggiungere l'ebollizione.

Aggiungete il prezzemolo, il cerfoglio e il dragoncello rimasti, tritati, e insaporite con un pizzico di sale e uno di pepe.

Accompagna: carni rosse cotte alla griglia.

ACCIUGATA CALDA

INGREDIENTI PER CIRCA 200 G DI SALSA

- ✔ 50 g di acciughe sotto sale
- ✔ 25 g di capperi sottaceto
- ✔ 1 dl di olio d'oliva extravergine
- ✔ pepe (facoltativo)

DIFFICOLTÀ: Bassa

PREPARAZIONE: 10 minuti

COTTURA: 15 minuti

Dissalate e diliscate le acciughe poi tritatele con i capperi sgocciolati e strizzati. Trasferite il tutto in un tegamino con l'olio e 4 cucchiai d'acqua e fate sobbollire a fiamma bassa finché il liquido sarà tutto evaporato. Insaporite con del pepe.

Accompagna: verdure, carni lesse o arrosto, uova.

SALSA PEARÀ

INGREDIENTI PER CIRCA 200 G DI SALSA

- ✔ 40 g di midollo di bue
- ✔ 4 dl di brodo di carne
- ✔ 60 g di mollica di pane o di pangrattato
- ✔ 2 cucchiai di parmigiano grattugiato
- ✔ sale e pepe

DIFFICOLTÀ: Media

PREPARAZIONE: Nessuna

COTTURA: 1 ora e 15 minuti

Fate fondere in un tegame di terracotta il midollo di bue, mescolando.

Unite la mollica grattugiata e poi, poco alla volta, il brodo bollente; cuocete per almeno 1 ora, a fuoco moderato, mescolando di tanto in tanto. Unite il parmigiano, sale e pepe.

Accompagna: bollito misto e verdure cotte.

SALSA RAVIGOTTA

INGREDIENTI PER CIRCA 200 G DI SALSA

- ✔ 1 manciata di foglie di cerfoglio
- ✔ olio extravergine d'oliva
- ✔ 1 manciata di foglie di dragoncello
- ✔ 1 cucchiaio di capperi ✔ 3 scalogni
- ✔ 1 manciata di foglie di prezzemolo
- ✔ 2 cucchiai di aceto di vino bianco
- ✔ erba cipollina ✔ sale

DIFFICOLTÀ: Media

PREPARAZIONE: 20 minuti

COTTURA: Nessuna

Mondate, lavate e asciugate bene tutte le erbe aromatiche e tritatele con lo scalogno e i capperi.

In una ciotola sciogliete il sale nell'aceto, unite il trito che avete preparato, poi, a poco a poco, senza mai smettere di mescolare, aggiungete l'olio necessario per ottenere una salsetta dalla consistenza abbastanza fluida.

Accompagna: carni fredde, uova sode, testina lessata.

SALSA VERDE

INGREDIENTI PER CIRCA 200 G DI SALSA

- ✔ 70 g di prezzemolo ✔ 2 uova sode
- ✔ 1/2 spicchio d'aglio ✔ 3-4 capperi
- ✔ 40 g di mollica di pane inzuppata in 5 cucchiai di aceto
- ✔ 1 acciuga sotto sale ✔ sale e pepe
- ✔ 1 dl di olio d'oliva extravergine

DIFFICOLTÀ: Media

PREPARAZIONE: 30 minuti

COTTURA: Nessuna

Sgusciate le uova ed eliminate gli albumi. Sgocciolate e strizzate la mollica. Dissalate l'acciuga, diliscatela e sminuzzatela. Passate al mixer il prezzemolo con l'aglio, unite i 2 tuorli, l'acciuga, la mollica, i capperi, sale e pepe, unendo l'olio a filo fino a ottenere una salsa morbida e omogenea.

Accompagna: carni bollite, uova in camicia, sode o affogate, pesci bolliti o alla griglia.

INDICE GENERALE DELLE SCUOLE

INDICE GENERALE DELLE RICETTE

STUZZICHINI

SALSE

Indice alfabetico delle RICETTE